O IMPERIALISMO GLOBAL
Teorias e consensos

Questões da Nossa Época
Volume 48

Dados Internacionais de Catalogação na Publicação (CIP)
(Câmara Brasileira do Livro, SP, Brasil)

Farias, Flávio Bezerra de
O imperialismo global : teorias e consensos / Flávio Bezerra de Farias. -- 1. ed. -- São Paulo : Cortez, 2013. -- (Coleção questões da nossa época ; v.48)

Bibliografia.
ISBN 978-85-249-2019-6

1. Filosofia política 2. Globalização 3. Imperialismo I. Título. II. Série.

13-02258   CDD-325.32

Índices para catálogo sistemático:
1. Imperialismo : Ciência política   325.32

Flávio Bezerra de Farias

O IMPERIALISMO GLOBAL
Teorias e consensos

CORTEZ EDITORA

O IMPERIALISMO GLOBAL: teorias e consensos
Flávio Bezerra de Farias

Capa: aeroestúdio
Preparação de originais: Marta Almeida de Sá
Revisão: Cláudia Levy
Composição: Linea Editora Ltda.
Coordenação editorial: Danilo A. Q. Morales

Nenhuma parte desta obra pode ser reproduzida ou duplicada sem autorização expressa do autor e do editor.

© 2013 by Autor

Direitos para esta edição
CORTEZ EDITORA
Rua Monte Alegre, 1074 – Perdizes
05014-001 – São Paulo – SP
Tel.: (11) 3864-0111   Fax: (11) 3864-4290
E-mail: cortez@cortezeditora.com.br
www.cortezeditora.com.br

Impresso no Brasil — abril de 2013

Sumário

Prefácio 7

Introdução 13

1. As abordagens conservadoras 17
   1.1 O imperialismo desiluso 18
   1.2 O liberalismo imperial 25
   1.3 O cosmopolitismo liberal 34
   1.4 O cosmopolitismo social-liberal 45

2. As abordagens críticas 53
   2.1 O neorrealismo neo-schmittiano 53
   2.2 O ultraimperialismo de desmonte nacional 59
   2.3 O materialismo histórico global 63
      2.3.1 O neoimperialismo expropriador 64
      2.3.2 O hegemonismo imperial global 71
      2.3.3 O imperialismo planetário 77
      2.3.4 O imperialismo hegemônico global 80
      2.3.5 O alterglobalismo multipolar 85
      2.3.6 O alterglobalismo regulacionista 91
      2.3.7 O alterglobalismo neomarxista 95

2.4 O pós-marxismo ocidental 97
    2.4.1 O alterglobalismo imperial 98
    2.4.2 O cosmopolitismo europeu 105
    2.4.3 O transnacionalismo europeu 110

Conclusão 117

Bibliografia 121

Prefácio

Este belo livro de Flávio Farias é uma importante contribuição ao debate sobre as formas da globalização imperialista no século XXI. Examinando criticamente as diversas tentativas de análise — apologéticas ou críticas —, ele nos propõe um excelente mapa das várias teorias, de Carl Schmitt a Jürgen Habermas, e de David Harvey a István Mészáros e Perry Anderson — entre outros muitos.

Neste breve prefácio, não vou tentar resumir o livro, nem propor uma nova interpretação do império global, que escapa à minha alçada. Mais modestamente, vou lembrar um texto que é uma das primeiras tentativas antes de Lenin de entender o fenômeno imperialista. Trata-se de um autor bastante distante do marxismo ou do anti-imperialismo, mas nem por isso suas intuições deixam de ser interessantes e mesmo atuais. Trata-se de... Max Weber.

Pouco antes da Primeira Guerra Mundial, por volta de 1912-1913 — não se sabe a data exata —, Weber escreve um capítulo sobre o imperialismo em seu grande livro (póstumo) *Economia e Sociedade* (1922); trata-se de um subcapítulo da seção sobre "A Nação", na segunda parte do livro. Seu título, "Os fundamentos econômicos do imperialismo", parece tirado de uma brochura marxista — para não dizer leninista. Na verdade, o conceito weberiano de imperialismo não é o dos marxistas: trans-histórico, ele se estende da Roma Antiga até o século XX. Entretanto, depois de uma discussão sobre a dinâmica do Império Romano, o argumento de Weber se desloca pouco a pouco em direção aos "fundamentos econômicos do imperialismo" moderno, isto é, ao "capitalismo imperialista" — o termo é de Weber —, com vocação colonial e expansão planetária, um fenômeno, insiste o sociólogo alemão, "que se manifesta cada vez mais hoje em dia". Weber analisa de forma concreta os interesses capitalistas de uma série de grupos sociais: fornecedores e credores do Estado, capitalistas coloniais, capitalistas interessados no comércio exterior etc., cujas chances de lucro dependem da utilização direta da violência coercitiva política, de tendência expansiva. A conquista de colônias no além-mar dá a esses interesses capitalistas extraordinárias possibilidades de lucro graças à submissão dos indígenas como força de trabalho nas plantações, como mostra o exemplo dos espanhóis na América do Sul, dos ingleses no Sul dos Estados Unidos e dos holandeses na Indonésia. A isso cabe acrescentar a violenta monopolização do comércio exterior das colônias, os empréstimos do Estado, as concessões às empresas ferroviárias etc. — a lista é bastante longa. O *capitalismo imperialista* — este conceito especificamente weberiano aparece várias vezes no texto —, em particular sob a forma da pilhagem colonial, baseada na violência direta e no trabalho forçado, produz lucros bem superiores ao intercâmbio pacífico de bens. Daí a predominância dos interesses capitalistas imperialistas sobre aqueles, pacíficos, associados ao livre-câmbio. O imperialismo não é, portanto, para Weber, uma "etapa" do capitalismo — a última, segundo o famoso panfleto de Lenin —, mas uma *política* imposta por setores específicos do capital. O sociólogo afirma que o fenômeno "existiu em todas as épocas e lugares", mas reconhece que atingiu um nível superior nas formas "especificamente modernas" das empresas privadas ou públicas. A garantia desses lucros excepcionais exige a ocupação dos territórios estrangeiros e a submissão das populações sob a forma de "protetorados". A renovação atual generalizada desse "capitalismo imperialista" e a dinâmica política expansionista que o acompanha não são o fruto do acaso, mas resultam desta otimização do lucro. Algumas das passagens deste capítulo parecem coincidir, por sua insistência sobre o papel da expansão colonial, com o capítulo sobre a "acumulação primitiva" na obra *O Capital* de Marx. Entretanto é pouco provável que Weber tenha efetivamente lido essa obra em seu conjunto; além disso, esses fatos históricos não constituem, para ele — contrariamente a Marx —, a gênese do capitalismo moderno, que ele situa, como se sabe, num contexto inteiramente diferente (os empresários protestantes anglo-americanos). Esta dinâmica imperialista violenta do capitalismo está intimamente ligada, segundo Weber, a uma orientação belicista, que favorece os negócios dos fornecedores de material bélico, dos bancos que financiam os empréstimos de guerra, e de um amplo setor da grande indústria atual, bem além dos produtores de aparelhos militares. Essas forças econômicas estão interessadas no desenvolvimento de conflitos bélicos enquanto tais, qualquer que seja o resultado para seu próprio Estado, e as máquinas de guerra são vendidas ao mundo inteiro, inclusive aos adversários políticos. É difícil imaginar uma descrição mais incisiva, penetrante e impiedosa do brutal cinismo dos interesses "capitalistas imperialistas" e de sua política de conquista, expansão e guerra. Há poucos equivalentes na literatura marxista antes de 1914, à parte alguns escritos da extrema esquerda anti-imperialista e antimilitarista, por exemplo, Rosa Luxemburg — uma autora que Weber certamente não leu, e *vice-versa*. Entretanto, enquanto os autores marxistas se interessam pelas estruturas macroeconômicas responsáveis pelo imperialismo — o capital financeiro (Rudolf Hilferding) ou a necessidade, para a acumulação do capital, de mercados "externos" (Rosa Luxemburg) —, Weber focaliza sua atenção nos agentes político-econômicos capitalistas especificamente interessados nos lucros extraordinários que resultam da rapina imperialista e colonial, ou das guerras de conquista.

Na contracorrente da sociologia evolucionista e positivista de um Herbert Spencer, para o qual era uma evidência "científica" que as guerras pertenciam ao passado feudal e já não teriam nenhum lugar nas sociedades industriais modernas, Weber havia perfeitamente percebido o potencial de violência e de expansão guerreira dessas últimas.

Essa análise, redigida pouco antes da Primeira Guerra Mundial, se revelou bastante profética em relação aos desenvolvimentos no curso do século XX. O capítulo de Weber não tem nada a ver com um protesto pacifista ou um panfleto anti-imperialista. Ele não denuncia as violências imperialistas e não toma posição a favor ou contra os fenômenos analisados. Em uma linguagem "livre de juízos de valor", axiologicamente neutra, ele simplesmente descreve, com uma inteligência afiada como uma navalha, ou melhor, como o bisturi de um cirurgião, os mecanismos da expansão imperialista moderna.

Evidentemente, o imperialismo do século XXI, cem anos depois, é bastante diferente daquele estudado por Weber. Mas não existe uma surpreendente semelhança entre os processos analisados neste texto e a política imperialista estadunidense, por exemplo, durante o governo do Sr. George W. Bush? E os processos atuais de "acumulação do capital por despossessão" a que se refere Harvey não teriam alguma analogia com o "capitalismo imperialista" a que se referia Weber? Essas e outras perguntas encontrarão seguramente uma resposta no interessante livro de Flávio Farias.

Michael Löwy
Paris, 21 de dezembro de 2012

Introdução

Este livro[1] analisa as principais teorias conservadoras e críticas sobre a forma atual do imperialismo. Como no marxismo crítico e revolucionário do início do século XX, a abordagem desta forma social e histórica também deve partir da ideia geral marxiana de base e superestrutura.

Assim, o fenômeno do imperialismo ocorre no quadro de uma formação socioeconômica, cujas principais determinações espaço-temporais estão encerradas tanto no capital quanto no Estado (Farias, 2000; 2001; 2004a). Para a atualização conceitual do imperialismo como um todo orgânico, foi examinada a filosofia política recente do consenso global, do cosmopolitismo e até mesmo do Império, que tomou a via da aceitação da dominação imperial enquanto configuração estatal desenvolvida, naturalmente vinculada à globalização econômica. Realizou-se um percurso teórico-metodológico inverso: contra o conformismo de um *novo Império na escala global*, fez-se uma *crítica das teorias e dos consensos do imperialismo global*.

---

1. As investigações básicas foram feitas de setembro de 2010 a fevereiro de 2011, num pós-doutorado, na Universidade Sorbonne-Nouvelle, com bolsa Erasmus Mundus. A redação iniciou-se de março a agosto de 2011, numa estadia de professor visitante na Universidade Paris-Nord. Concluiu-se na UFMA, em 2012.

As abordagens conservadoras têm uma visão sobretudo política do fenômeno. As menos ambiciosas em termos planetários, ordinariamente do campo realista, analisam as questões colocadas pela projeção espacial do monopólio estatal da violência legítima para além das fronteiras nacionais, de acordo com uma nova era do mundo, fazendo abstração da articulação dialética e historicamente determinada entre o advento das novas formas estatais capitalistas globais e a dinâmica da acumulação, da reprodução e da crise capitalistas na escala mundial. Bem mais cobiçosos na escala mundial, os politólogos liberais "avançam teorias sobre a modernização, com uma sequência de etapas ascendentes de desenvolvimento político e econômico levando ao liberalismo" (Kagan, 2008, p. 143). Os expertos da "grande dialética histórica" afirmam a natural e secular vitória da "democracia liberal", no fim da Guerra Fria — enfim, "avaliam que a ordem internacional atual nada mais é do que a etapa seguinte na marcha para a frente da humanidade que, renunciando ao conflito e à agressão, encaminha-se para uma coexistência próspera e pacífica" (Idem, p. 143-4).

Em compensação, sobre o imperialismo global puro e duro, cabe distinguir as posições conservadoras das críticas, inclusive nas suas diversidades internas. Porque há polêmica, "nem sempre de maneira sutil", tanto entre os esperançosos de "ver o imperialismo e o império americanos se perpetuarem no mundo do século XXI" quanto entre os apologistas de "uma repartição dos poderes entre potências regionais como configuração política alternativa do quadro geral organizando a mundialização neoliberal" (Harvey, 2010, p. 66). Também há forte polêmica acerca do *novo* imperialismo, ou Império global, entre os seus críticos, sejam marxistas ou não.

Sobre as teorias e os consensos do imperialismo global, cabe examinar: no primeiro capítulo, as visões conservadoras do imperialismo ditas sem ilusão, do imperialismo liberal propriamente dito, e as vertentes cosmopolitas liberais e democráticas; no segundo capítulo, as visões críticas do imperialismo, no neorrealismo neo-schmittiano, no ultraimperialismo de desmonte nacional, no materialismo histórico global e no pós-marxismo ocidental.

Capítulo 1

As abordagens conservadoras

Hoje, a mutação do sentido da guerra, até então interestatal, mas que se torna cada vez mais global e discriminatória, sob a influência hegemônica dos EUA, já é uma realidade tangível desde o fim do sistema soviético (URSS). Sendo assim, os diversos governos dos EUA democratas ou republicanos adotaram brutalmente a mesma doutrina guerreira securitária mais ou menos agressiva segundo as circunstâncias. Para Amin (2003b, p. 93), "o objetivo confesso da nova estratégia hegemonista dos EUA é de não tolerar a existência de nenhuma potência capaz de resistir às injunções de Washington". Com este pano de fundo — o cenário foi esboçado por Hobsbawm (2007) —, há um debate ideológico tanto na vertente do realismo *versus* liberalismo quanto na vertente do cosmopolitismo liberal *versus* democrático, e entre ambas as vertentes, sobre a política estrangeira dos EUA efetivada ante seus *rivais* e *aliados*.

1.1 O imperialismo desiluso

Finda a Guerra Fria, de acordo com os antigos anseios dos politólogos realistas, "a tarefa de uma grande estratégia dos EUA" deveria se limitar a garantir "a segurança territorial do Estado americano e de seu povo", no seio de uma política regional "de equilíbrio além-mar" — a maioria dos realistas não poderia, então, "aprovar o expansionismo posto em prática pelas *Defense Policy Guidelines* de George Bush pai, que os governos Clinton e Bush filho ainda iriam acentuar muito mais" (Gowan, 2007, p. 1).

Um imperialismo sem ilusão unipolar, em compensação, deveria permanecer uma forma ancorada em espaços estatais nacionais ou regionais, de modo que os EUA não deveriam mais tentar estabelecer uma hegemonia ou um império global. As deploráveis invasões guerreiras do Iraque e do Afeganistão "ilustram uma razão importante no sentido de que a potência hegemônica americana parece ilusória", *idealmente*, "porque é frequentemente empregada na persecução de objetivos que são inacessíveis, tais como a edificação da nação e a promoção da democracia"; com efeito, os partidários liberais do imperialismo "parecem crer que o mundo é um pedaço de argila e que os EUA podem refazer outras nações — e culturas — à sua imagem" (Layne, 2006b, p. 2). *Substancialmente*, há uma fraqueza que, ligada às finanças, tornou-se colossal com a crise atual do capitalismo global. Como diz Kolko (2007, p. 1),

"o equipamento caro e um orçamento militar incrivelmente inchado repousam sobre o *a priori* tradicional de que o fato de deter armas sofisticadas torna os EUA potente, e que essa potência é determinada bem mais por armamentos do que pelo que se passa no plano político e na sociedade de uma nação. De fato, é frequentemente o inverso que é verdadeiro, sobretudo quando os inimigos encontram as falhas desse tipo de tecnologia e as exploram — como o fizeram de maneira crescente durante as últimas décadas. Em seguida, há o fato de que o custo para empreender guerras torna-se uma deficiência; e a tecnologia militar dos EUA se transforma numa imensa fraqueza quando o governo tem grandes déficits ou falta de fundos para reparar sua infraestrutura envelhecida."

Certos realistas atribuíram a persistência dos fins imperiais dos EUA, especialmente no Iraque, na Iugoslávia e, em geral, no resto do mundo, à *inércia* governamental, que

"não é realmente o termo adequado para designar o ativismo intensivo com o qual os governos Bush pai e Clinton ampliaram a OTAN, ou a remilitarização da aliança com o Japão por Clinton, ou ainda para qualificar a determinação com a qual o governo Bush filho penetrou na direção do interior do Golfo Pérsico e da Ásia central" (Gowan, 2007, p. 1).

Sobre a grande política exterior dos EUA, para se aproximar ainda mais dos fatos, seria preciso romper com a velha concepção realista do sistema interestatal que atribui uma primazia causal a este sistema, enquanto fator exógeno, supostamente "organizado como uma anarquia que vê cada Estado ameaçado de extinção por outros mais potentes e, portanto, obrigado para sobreviver a dar prioridade a sua segurança externa", sem se esquecer da ideia daí decorrente de que os Estados tinham de avaliar sempre a repartição variável dos "recursos da potência", sobretudo "as capacidades militares, assegurando-se de poder fazer face no sistema a toda potência eventualmente capaz de ameaçá-los" — *in fine*, "jamais nenhum Estado pode substituir a anarquia entre os Estados por uma hierarquia", no sentido de "um império global, porque a tentativa será bloqueada pela política de equilíbrio dos outros Estados" (Idem).

Gowan (ibidem) notou que um conservador realista viabilizou uma ruptura consistente com as posições realistas tradicionais, cada vez mais questionadas pelas práticas estatais estadunidenses efetivas. Com efeito, Layne (2006a, p. 12) destacou os principais fatores objetivos da hegemonia dos EUA, a saber: continuam dispondo de "uma preeminência capital na potência militar e econômica"; no pós-Guerra Fria, "nenhuma outra grande potência emergiu para contestar a preponderância dos EUA"; todos os governos executaram "uma estratégia visando prevenir o surgimento de novas grandes potências que poderiam contestar a hegemonia americana"; neste campo, "a perpetuação da primazia dos EUA é uma questão de política"; também mostrou que, depois da queda da URSS, "Washington simplesmente continuou sua estratégia do pós-guerra que tem por eixo a manutenção de sua primazia"; por exemplo, "nos Bálcãs, durante os anos 1990", tratava-se de "assegurar a primazia dos EUA" no espaço europeu, "sabotando os esforços da União Europeia (UE) para adquirir uma autoridade independente sobre a segurança da região", atendendo simultaneamente "aos interesses específicos que a Alemanha tinha nela, mas sob a suserania americana"; sublinhou enquanto condição prévia: 1º "a prioridade dos EUA de colocar a Grã-Bretanha de joelhos, para assumir a direção da economia mundial, abrindo ao mesmo tempo o império britânico e os outros impérios europeus ao capital americano"; 2º desenvolveu muitos argumentos consistentes "para ilustrar a penetração dos EUA que, no pós-guerra, visavam combinar a abertura dos mercados europeus com uma ascendência sobre a política europeia"; 3º para Layne, o fator endógeno deveria ser destacado, porque apenas os EUA, "dentre as grandes potências modernas, puderam determinar sua grande estratégia, numa grande medida, arbitrariamente, fazendo as escolhas"; o que "significa que é a política interna, em vez das necessidades defensivas", sublinhadas pelo realismo tradicional, "que determinou a expansão dos EUA para o exterior"; a afirmação dos aspectos endógenos o obrigou a levar em conta a natureza de classe do Estado dos EUA na construção de sua primazia no plano global, em que existe a "pretensão de um Estado de exercer sua autoridade sobre as políticas de segurança dos outros"; em contrapartida, "é claro, os EUA assumiram a tarefa de carregar o fardo militar de proteger seus aliados, que a eles se subordinaram" (Gowan, 2007, p. 1).

A condição de hegemonia global dos EUA veio com a *pax americana*, baseada num imenso poder militar e econômico que durou mais de 60 anos — porém, o país tornou-se cada vez mais incapaz de assumir o papel atribuído da hegemonia nesses dois planos do poder (Layne, 2010, p. 1). Agora, "a época da dominação americana faz um esboço de seu fim, e a política internacional entra num período de transição: não é mais unipolar, mas ainda não é plenamente multipolar"; mantida a atual política exterior dos EUA, "essa mudança no equilíbrio do poder mundial afetará consideravelmente a política internacional"; infelizmente, "a probabilidade de intensas concorrências de grande potência pela segurança — e mesmo a guerra — aumentará"; a globalização e a *pax americana* serão substituídas "por uma ordem internacional que reflita os interesses, os valores e as normas das potências emergentes"; em compensação, a política dos EUA "deveria procurar obrigar seus aliados a assumir a responsabilidade de sua própria segurança e se colocar no papel principal em matéria de segurança de suas regiões" (Idem). Porém a tendência atual de declínio dos EUA será somente o preço alto que irão pagar se repetirem sem cessar seus erros em política externa, sobretudo no pós-Guerra Fria, quando se fixaram na ideia de que sua hegemonia é necessária para sua própria segurança e para a do resto do mundo; como efeito, contribuiu para acentuar a construção imperial, que justamente acelera o declínio dos EUA (Ibidem). A crise estrutural do capitalismo exacerbou a colocação em causa da *pax americana*, fundada sobre a preponderância militar e econômica dos EUA, de sorte que "o declínio da potência americana significa o fim da hegemonia americana na política mundial e o começo da transição para uma nova constelação de potências mundiais" (Layne e Schwarz, 2009, p. 2). Além disso, "a era da desglobalização do futuro será definida pela escalada dos nacionalismos, do mercantilismo, da instabilidade geopolítica e da concorrência entre as grandes potências"; então as potências emergentes fixarão "esferas de influência, a fim de controlar as linhas de comunicação, participar das corridas armamentistas e concorrer pelo controle dos recursos naturais essenciais" (Idem, p. 4).

A visão realista do imperialismo afirma as formas de existência estatais nacionais e regionais em detrimento da forma de existência estatal coletiva ideal planetária e, portanto, recusando o modo de existência estatal global, sobretudo na configuração hegemônica unipolar dos EUA, como uma *pax imperialis*. Uma prospectiva imperial seria prejudicial à construção de um imperialismo desiluso e efetivo:

> "Para Layne, a atitude hegemônica dos EUA os transformou num Estado da Segurança Nacional com um complexo mi-

litar-industrial hipertrofiado. Os imensos recursos consagrados à potência militar poderiam ser melhor dispendidos para a prosperidade do povo americano. Sua impulsão expansionista solapou suas instituições sociais, favoreceu a ascendência de uma presidência imperial e a erosão dos poderes do Congresso. E, acima de tudo, isso lhes conduziu a se implicar em guerras que têm pouca ou nenhuma importância para os próprios EUA, mas que decorrem de sua tomada de comando sobre os interesses de segurança de outros Estados" (Gowan, 2007, p. 1).

A resistência a uma política estrangeira alternativa como a "de equilíbrio ultramar", cada vez mais nacionalista, destaca a natureza de classe do Estado nos EUA, pois Layne acha que "o motor do expansionismo hegemônico dos EUA" reside "na exigência das elites dirigentes da *porta aberta*, em favor da exportação do *american way of life*", cuja manutenção depende do seu Estado "enquanto formação dominada por uma classe capitalista preocupada tanto com a expansão econômica e ideológica quanto com políticas de potência" (Idem, p. 1). Esta é paradoxal:

> "Precisamente por causa de seu poder e da geografia, os EUA têm muito pouca coisa a fazer no mundo para estar securizado; entretanto, o fato de suas capacidades esmagadoras foi uma constante tentação para os responsáveis pelas decisões americanas de intervir no exterior imprudentemente na persecução de objetivos inatingíveis" (Layne, 2006b, p. 6).

Por isso, certas abordagens realistas tanto "evidenciaram os perigos que espreitam os EUA caso se deixem levar pela tentação de potência hegemônica" quanto em alternativa "clamaram para que os EUA persigam uma estratégia baseada na prudência e na circunspecção" (Idem). Para acalmar o medo provocado por sua potência no resto do mundo, os EUA "devem aceitar uma redução relativa de seu *hard power* adotando uma multipolar — e essencialmente unilateral — estratégia de balanceamento *offshore*", capaz de ponderar "a ascensão de novas grandes potências"; aliás, "para ser securizado", esse país "não tem necessidade de hegemonia extrarregional" (Layne, 2006a, p. 40). A opinião pública dos EUA deveria debater sobre as alternativas ao império planetário, e seria bem recompensada se levasse a sério as advertências realistas para a construção de um imperialismo ancorado nacional e regionalmente, em vez de sustentar a grande estratégia unipolar que está esgotando suas energias (Layne, 2006b, p. 6).

A percepção da natureza do estatal nos EUA quanto ao seu caráter subjetivo de classe, cujo eixo objetivo é a divisão capitalista do trabalho, exigiria também fazer a crítica do "imperialismo interno" (Lens, 1971, p. 34.), em razão de o complexo militar-industrial ter se tornado uma ameaça para o próprio país, "com um monopólio político muito mais inquietante do que os monopólios econômicos" e, no limite, "se a expansão global nos leva repetidamente à beira da guerra, o efeito interno do militarismo nos conduz para o Estado autoritário" (Idem). Esse realista de esquerda constatou que "uma das mais importantes etapas para forjar um monopólio político pelo complexo militar-industrial é a fabricação sintética da opinião pública" (Idem, 58). Kolko (2007, p. 1) enfatizou o conjunto dos fatores que levam a grande estratégia americana ao impasse, como a "miopia no atinente à tecnologia, a política de consenso que engaja políticos ambiciosos — e que frequentemente não levam em conta a opinião pública —, o complexo militar-industrial e seus interesses locais", em particular, "o impacto da produção militar e das bases militares sobre os empregos e a política de um estado" determinado, assim como "os limites para contribuições racionais"; sem esquecer que "a crença do *establishment* estadunidense no direito de intervenção", combinado com "os interesses do complexo militar-industrial, são os principais instigadores da política estrangeira desastrosa do país". Os desejos conservadores realistas de bridar, até mesmo de fazer apelo à razão e exigir a transparência, no intuito de erigir um imperialismo desiluso, são muito otimistas diante das práticas concretas da "destruição programada da política estrangeira" dos EUA, razão pela qual Kolko (idem) acha "difícil não ser pessimista", sendo "o realismo em vez de ilusões que guiam nossas avaliações políticas"; porém "o realismo é a única maneira de evitar o cinismo", que marca a atitude dos partidários do imperialismo liberal. Para o marxista estadunidense, "é um truísmo notável que a política globalizada diga que as guerras são bem mais determinadas pelos fatores socioeconômicos e políticos do que por qualquer outro fator, e que isso já era verdadeiro bem antes que os EUA tentassem regulamentar os negócios mundiais" (Ibidem).

1.2 O liberalismo imperial

A aplicação sistemática da doutrina geopolítica oficial estadunidense do pós-Guerra Fria faz vários preceitos do totalitarismo nazifascista parecerem pura e simplesmente princípios espirituais liberais, expostos descaradamente na mídia. Petras (2008, p. 1) denunciou um artigo do *New York Times* (18/7/2008) do professor Morris, historiador judeu israelita, "recomendando um ataque israelita nuclear genocida contra o Irã com a possibilidade de matar 70 milhões de iranianos — doze vezes o número de vítimas judias do Holocausto nazi". No mesmo jornal, um liberal canadense assimilou o novo império dos EUA enquanto

> "única nação que exerce uma vigilância policial sobre o mundo através de cinco comandos militares globais; mantém mais de um milhão de homens e mulheres armados nos quatro continentes; distribui grupos de porta-aviões de combate em estado de vigília em cada oceano; assegura a sobrevivência de certos países de Israel à Coreia do Sul; dirige os volantes dos negócios e do comércio na escala mundial; preenche com seus sonhos e desejos os corações e os espíritos de todo o planeta" (Ignatieff, 2003a, p.1).

Também assimilou, até certo ponto, a antecipação de um crítico feroz — às vezes eficaz — do liberalismo, Schmitt (2008); pois não é um império decorrente simplesmente de ideias e atitudes conjunturais, de fim da história neoliberal ou pós-moderna; mas, bem mais substancialmente, da desordem que presidiu a extinção da Guerra Fria e, portanto, do antigo "*nomos* da Terra", na certeza de que, "enquanto os homens e os povos tiverem ainda um futuro e não somente um passado, um novo *nomos* nascerá sob formas sempre novas que tomará o curso da história" (Idem, p. 83).[2] Na gênese das "eras históricas" e dos "impérios", encontra-se "a tomada de terras" como um "evento constitutivo" que lhes

---

2. O império em Schmitt (2008, p. 74-75) vem da noção central de "tomada de terras", que dá origem ao *nomos*, substantivo do verbo grego *nemein*, para designar uma unidade de ordem e de localização, de sorte que toda ordem fundamental é uma ordem que repousa sobre seus limites — o *nomos* é o processo de "formação de uma unidade espacial concreta" composta de *configura*ção, *ordem*, *medida* e *historicidade*.

serve de premissa: "precede a ordem que decorre disso não somente do ponto de vista lógico, mas também histórico. Contém a ordem inicial que desdobra no espaço a origem de toda ordem concreta ulterior e de todo direito ulterior" (Idem, p. 53). Apesar de seu abominável passado nazista, Schmitt (p. 245) destacou o dilema da

> "alternativa entre coexistência de vários grandes-espaços e ordem espacial global de um mundo sob uma dominação unitária, a grande antítese da política mundial, ou seja, a oposição entre dominação centralizada do mundo e ordem espacial baseada sobre o equilíbrio, entre universalismo e pluralismo, monopólio e multipólio."

Ignatieff escolheu o primeiro dos polos desta dominação imperial. Para entrar na batalha de ideias e atitudes conjunturais, tornou-se um *articulista*[3] muito fértil sobre o tema imperial antes e após a nova guerra de agressão contra o Iraque, desencadeada sob dois falsos pretextos, a saber: um era mentiroso, de que ali existiam armas de destruição massiva; o outro era enganoso, de que se queria estabelecer ali um regime democrático. Tais pretextos estão longe de serem persuasivos para além dos espaços dominados pela ideologia do novo século americano (Farias, 2004a). Nos espaços midiáticos dominantes, "a consciência burguesa que toma dessa forma a palavra se move num nevoeiro, raramente atingindo uma imagem concreta de sua natureza, dessa transformação de todas as coisas em mercadorias e em movimento da mercadoria" (Bloch, 1981, p. 20). Toda uma nação, toda uma população, toda uma civilização foram

---

3. Lukács (1976, p. 129) viu na reificação posta em prática por tais "jornalistas" um paradigma da "prostituição de suas experiências e de suas convicções pessoais".

violentamente atacada em favor da melhoria da disponibilidade da mercadoria petróleo, pelo menos como um motivo forte da *guerra imperial*. Mas a riqueza das determinações dessas ingerências envolve ainda muita farsa, mazela e perversão. Para Ignatieff (2003a,b,c), as circunstâncias do começo deste século que levaram os EUA à guerra global, permanente e ilimitada, exprimem na realidade a necessidade de ter uma estratégia territorial imperial para garantir tanto a democracia, a *pax imperialis* e seu *way of life*, tomados por universais e eternos, quanto sua provisão em petróleo e matérias-primas, retomando de fato em grande estilo o neocolonialismo imperialista global. Isso tem servido de modelo para artigos de apoio à agressão guerreira à Líbia.[4] Cabe a questão:

> "mas o jornalista que observa a atualidade no dia a dia, imediata e rapidamente, e que diz o que ocorre sob encomenda, será que não estaria ele próprio reduzido a representar na empresa simplesmente uma força de trabalho que se vende, na medida em que não pode revelar mais sem desencadear um escândalo e se tornar ele mesmo inútil para a imediatidão jornalística?" (Bloch,1981, p. 20).

Para além da *articulação duvidosa* e da apropriação jornalística da *pena de Clio*, o conceito de império liberal de Ignatieff tem como referência um aspecto da ideia de império totalitário antecipada por Schmitt (2008, p. 185), relativo a mudanças pacíficas ou guerreiras, quando a questão é sempre "primordialmente de natureza territorial, porque

---

4. "Repete-se, à letra, o modelo da agressão criminosa da OTAN contra a Sérvia em 1999, desejada pelo presidente Clinton para a 'libertação' do Kosovo. Tratou-se de uma intervenção 'humanitária' que massacrou, a partir do céu, milhares de pessoas inocentes." Zolo, 2011b, p. 1.

resulta de uma ordem espacial global em que deve se produzir uma mudança territorial, portanto espacial, sem colocar em perigo essa ordem espacial". No domínio do *nomos* da terra schmittiano (idem, p. 83), em vez de ser elaborada uma posição ideológica para sustentar a construção de um novo império global, trata-se do exame do fenômeno de ordem temporal e espacial em que "cada nova época e cada era nova da coexistência dos povos, dos impérios, dos países, dos homens no poder e das potências de toda espécie fundam-se sobre novas divisões espaciais, novas delimitações, novas ordens espaciais da terra". Para defender o novo *nomos* da terra sob a forma imperial estadunidense, Ignatieff adotou implicitamente a antecipação do jurista alemão, colocando-as tragicamente com os pés no chão, porém sem considerar os seus alertas críticos contra o imperialismo ético e humanitário. Com sulfuroso realismo, Schmitt (2009, p. 96) disse que nas "expansões imperialistas" geralmente ocorre a manipulação ideológica do "conceito de humanidade" que, quando usado "sob sua forma ética e humanitária", torna-se "um veículo específico do imperialismo econômico", cujo monopólio, cuja evocação e alcunha da humanidade para si próprio "manifesta efetivamente uma pretensão pavorosa de impor a recusa ao inimigo de sua qualidade de ser humano, de colocá-lo fora da lei e fora da humanidade e, por conseguinte, de empurrar a guerra até os limites extremos do inumano" (Idem p. 97). Quando o imperialismo global transforma "a guerra numa operação de polícia contra desordeiros, criminosos e agentes nefastos", acusados de terrorismo, sob a bandeira dos *rogue states*, urge também "amplificar a justificação dos métodos deste *police bombing*. Assim, se é constrangido de impulsionar a discriminação do adversário até chegar a proporções abissais... Como São Jorge usando de sua força contra o dragão"

(p. 319). Mas nisso não há ingenuidade cristã própria aos Georges de pai para filho[5] — e, portanto, passível de tolerância agnóstica pela política terrestre e profana —, porque todos os que não se dobram à justiça dos conquistadores sabem que muitos burocratas do alto escalão dos EUA são criminosos de guerra (Amin, 2003b, p. 96). O subimperialista Ignatieff (2003b) fez uma defesa da guerra dita ética e humanitária. Ao inverso de sua apologética, permanece pertinente a crítica de Schmitt (2008, p. 104) segundo a qual esse tipo de lógica guerreira imperialista "decorre de certa ideia de humanidade, isto é, da humanidade superior dos conquistadores". Esses "se sentem ameaçados na sua liberdade", nos seus interesses e na sua paz etc.; em seguida, produzem o achado desse "terrível inimigo face ao qual nosso direito não tem limites... Uma guerra preventiva contra tal inimigo seria até mesmo mais do que uma guerra justa. Seria uma cruzada" (Idem, p. 169). Atualizando isso por meio da potência exorbitante dos EUA e de seu sistema de *global security*, ao arrepio do direito internacional, se insere a questão de uma nova "guerra justa" que concerne, ao mesmo tempo, dois aspectos: "o do inimigo reconhecido juridicamente, distinto do criminoso e do monstro, o *justus hostis*, e o da causa justa, a *justa causa*. Ambos os aspectos mantêm uma relação específica com a natureza das armas" (p. 318). Neste item,

> "aquele que está por baixo vai deslocar a distinção entre a força e o direito nas esferas do *bellum intestinum*. Aquele que

---

[5]. Nas suas memórias, sobre a guerra de agressão ao Iraque, Bush filho "reconhece alguns erros, mas avalia que a história lhe fará justiça"; escreve também que "uma náusea o invade quando pensa na ausência de armas de destruição massiva". *In* jornal *Le Figaro*, Paris, 8/11/10.

está por cima considera sua superioridade militar como uma prova de sua *justa causa* e declara seu inimigo criminoso, porque não se consegue mais realizar o conceito de *justus hostis*... O acréscimo dos meios técnicos de destruição abre bruscamente o abismo de uma discriminação jurídica e moral igualmente destrutiva" (p. 319).

Aliás, existe aí um aspecto ingênuo, místico e idólatra, pois "é aos pacíficos que a terra é prometida. A ideia de um novo *nomos* da terra só se revelará a eles" (p. 46).

Há um século, uma marxista crítica e revolucionária antecipou que "a paz do mundo não pode ser assegurada por projetos utópicos, ou, no fundo, reacionários" como os pragmáticos da diplomacia, da justiça e da integração dos conquistadores, ou teóricos da paz "e similares", porque

> "o imperialismo, o militarismo e a guerra não podem ser abolidos, nem atenuados, enquanto as classes capitalistas exercerem sem contestação sua hegemonia. O único meio de lhes opor uma resistência plena de sucesso, e a única garantia da paz do mundo, é a capacidade de ação e a vontade revolucionária do proletariado internacional de se lançar com todo o seu peso na balança" (Luxemburg, 2009, p. 269-270).

Sob o véu de uma adesão fraca e circunspecta ao império benéfico revelado na escala global, sobretudo em contraste com o *global terrorism*, imediatamente, se oculta o universalismo liberal de Ignatieff, cujos traços mais proeminentes são "a intolerância, a agressividade, a negação da diversidade cultural e da complexidade do mundo", que "se termina por uma enésima celebração do uso da força internacional pelas grandes potências" (Zolo, 2007, p. 103).

Depois, sob o aspecto do heroísmo, próprio à figura global maniqueísta apoiada por Ignatieff, "só temos um conflito deformado entre o antigo sacrifício religioso e a vontade cega do controle capitalista" (Badiou, 2011, p. 52). Enfim, tem um aspecto teórico importante, porque a formulação imperial de Schmitt, apesar de seu espírito revanchista, foi de um grande escopo científico, especialmente para o direito internacional. Já a noção imperial de Ignatieff (2003b, p. 2), com sua servil apologética de perfeito subimperialista, pretende se tornar uma inovação:

> "o *imperium* do século XXI é uma nova invenção nos anais da ciência política, um império leve, uma hegemonia global cujos princípios de base são os mercados livres, os direitos humanos e a democracia, reforçada por intermédio do mais temível poder militar que o mundo já conheceu."

Quando a lógica guerreira dita ética e humanitária se combina com a lógica da nova ordem espacial global do neoliberalismo, a resultante busca liquidar a ordem jurídica internacional herdada da Guerra Fria, de modo que, como antes, é um atentado "contra a própria existência da ciência jurídica que atualmente vai ser esmagada entre teologia e técnica se ela não defender o terreno que lhe é próprio, em favor de uma historicidade corretamente percebida e tornada fecunda" (Schmitt, 2008, p. 46). Hoje, na configuração "imperial do mundo, uma corte penal internacional só pode ser um instrumento tendencioso nas mãos das grandes potências", porque essa "justiça dos vencedores" corresponde aos interesses de impunidade concernentes às ações criminais inerentes ao "militarismo humanitário" do imperialismo coletivo ideal, na ocasião de suas "guerras de agressão" e, portanto, da "violação evidente do direito internacional" (Zolo, 2007, p. 83). As vítimas das injustiças cometidas nesse domínio só podem se indignar ainda mais com as lágrimas de crocodilo do imperialismo ético e humanitário, na ocasião do seu balanço histórico, diante da teimosia dos fatos: "a catástrofe ocorrida no Iraque condenou o julgamento político de um presidente. Mas também condenou o julgamento de muitos outros, inclusive eu, por apoiar como comentarista a invasão" (Ignatieff, 2007, p. 1). O líder liberal proclamou as suas boas intenções, minimizou os erros atinentes à sua tomada de partido em favor da guerra e do terrorismo humanitário, enfim, fez a sua *mea culpa* de jornalista magnânimo e desinteressado (idem), diante da opinião pública cada vez mais desconfiada e cética por causa da sequência infernal da guerra para os direitos do homem no Iraque.[6] Para

> "os interesses reais, aqueles do proprietário do jornal, do homem de negócios, a atualidade no dia a dia certamente não constitui um espaço contaminado e falacioso, mas um espaço extremamente útil; com efeito, o próprio dos capitalistas é de só levar em conta ocasiões isoladas e de não querer a preço algum evidenciar as estruturas da economia de mercado no seu todo." (Bloch, 1981, p. 20).

Os erros do apologista do império liberal não residem apenas na constatação tardia das consequências desastrosas da guerra de agressão contra o Iraque, mas tomam suas raízes em seus comprometimentos ideológicos com a me-

---

6. Sobre as armas de destruição massiva no Iraque: "Fizemos nosso trabalho de jornalistas? Minha resposta é um não gigantesco." Bob Woodward, do *Washington Post*, no *Le Monde Magazine*, 2/4/11, p. 30.

táfora banal do "novo" *fardo do homem branco*,[7] que Ignatieff (2003b, p. 2) usa em substituição ao termo neocolonialismo imperialista global. Neste caso, "é indubitável que a crítica da linguagem é não somente justificada, mas nenhuma abordagem colocando a questão da verdade pode prescindir daquela" (Bloch, 1981, p. 32). Essa crítica tanto se erige contra a elaboração de um modelo de imperialismo dito *leve*, mas cujos "quadros rígidos" servem para confinar seu enfoque do fenômeno "num vocabulário há muito tempo inadequado, numa sintaxe herdada dos tempos feudais", quanto "se eleva contra o poder de uma forma particular de manutenção e de restauração das relações antigas entre senhor e escravo" (Idem). Assim, a *Alvorada da Odisseia* na Líbia, linguagem e cruzada neocolonial, ao arrepio do direito internacional, sob o comando da *nova* OTAN globalizada, eterniza o hábito dos cruzados — seja como apologistas humanitários, seja como guerreiros criminosos — de irem de erro histórico em erro histórico, tendo a salvação garantida *a priori*, pois como cristãos podem *in fine* pedir perdão aos céus e à justiça terrena dos vitoriosos, no paradigma eternizado de Nuremberg.

1.3 O cosmopolitismo liberal

Para Zolo (2007, p. 53), a inspiração basilar da abordagem cosmopolita atual vem de uma combinação política

---

7. Para Gramsci (2001, v. 1, p. 402), a obra de Kipling "poderia servir para criticar certa sociedade que pretenda ser algo sem ter elaborado em si a moral cívica correspondente, inclusive tendo um modo de ser contraditório com os fins que verbalmente se planteia." Para um *léxico da ideologia estadunidense*, ver Losurdo (2010).

ambígua de idealismo kantiano e formalismo kelseniano, na busca da paz para os povos através da lei mundial. O cosmopolitismo persiste nos fins de "garantir a paz global se apoiando sobre instrumentos jurídicos e institucionais universalistas, colocados à disposição das grandes potências" (Idem). Com a extensão da guerra global humanitária e preventiva perpetrada pelo imperialismo coletivo ideal, ficou evidente a hipocrisia do cosmopolitismo habermasiano ou conservador, partilhada entre as correntes mais abertamente liberal, social-liberal e socialdemocrata.

Certos cosmopolitas liberais analisam a era dita americana (Kupchan, 2002) no prisma da "nova ordem mundial" decretada por George Bush pai (Kagan, 2003) e, mais adiante, da "ordem do mundo no século XXI" (Fukuyama, 2005; Kagan, 2008). Nesta *pax imperialis*, não é a história que faz as eras, mas os homens poderosos, num quadro autoritário de primazia da governança global sobre os governos nacionais, de confusão entre guerra e paz, transmutação entre anjos e demônios, de ambivalência entre idealismo e *realpolitik*, de antinomia entre potência e fraqueza estatal nacional etc. Nas ordens assim esboçadas, "sem dúvida, seria mais exato dizer que a exceção e a regra se misturam e se confundem de modo inextricável. Dessa confusão surgem as figuras ainda indecisas dos totalitarismos do futuro" (Bensaïd, 2008a, p. 55).

Para seu visionário Kagan (2008, p. 20-21), o fim da Guerra Fria não é uma "mutação", mas apenas "uma pausa da eterna competição à qual se dedicam nações e povos". Ainda são as potências "do Eixo da democracia" que se destacam com seus "vícios e virtudes" diante da "associação dos autocratas" e dos "islamistas radicais", pois embora tenham sido *efêmeras* as previsões de "fim da competição entre grandes potências" e de *"fim da história* ideológico", agora "é certo que o comunismo desapareceu da cena, mas outros potentes rivais da democracia, quanto a eles, estão sempre presentes" (Idem, p. 78). Nas relações internacionais, a livre escolha dos governos entre o *eixo da democracia* e a *associação dos autocratas* não deve jamais ser tolerada, tanto mais porque "os governantes russos e chineses não são simples autocratas, mas fervorosos adeptos da autocracia" (p. 85). Renascendo das cinzas do *fim da história*, "o espírito liberal moderno pode não apreciar o atrativo sempre vivaz da autocracia no nosso mundo globalizado" (p. 85-86). O regresso da história ao século XIX, num consenso de longa duração, "em vez e no lugar de uma nova ordem mundial", com "o retorno do nacionalismo das grandes potências" (Kagan, 2008, p. 21-22), não passa de uma novidade reacionária disfarçada de dialética histórica entre a hiperpotência e o resto do mundo, se inspirando no elogio das tendências dos EUA sempre presentes de "recurso à força como principal meio de ação nas relações internacionais, inclinação para o unilateralismo e descrédito relativamente ao direito internacional" (Kagan, 2003, p. 17). Da hiperpotência militar dos EUA "resultou naturalmente uma mais forte inclinação a utilizar essa força para todo tipo de objetivos, da intervenção humanitária na Somália e no Kosovo a uma mudança de regime no Panamá e no Iraque" (Kagan, 2008, p. 73), e no Haiti... Daí os óbitos seletivos da soberania estatal: "esse gênero de atestados de óbito produziriam artificialmente uma barbárie cuja simples existência traz, de maneira natural, um testemunho suficiente" (Bloch, 1981, p. 24).

O pêndulo abstrato das eras permite aos adeptos do neoliberalismo cosmopolita avançar o momento das guerras sem termo e fora dos limites, cuja indeterminação é favorável a um violento patriotismo securitário, que se erige especialmente contra os *Estados deficientes* (Fukuyama, 2005, p. 182) dos países pobres, de um lado; e, do outro, o mito de um retorno à filosofia política clássica, capaz de criar nos países ricos um "abismo estratégico" entre Europa kantiana e uma América hobbesiana (Kagan, 2003, p. 9 e 21). O consenso liberal é tanto *subimperialista*, pois Glucksmann (2003, p. 24) afirma que o desentendimento entre as potências Ocidentais divide a política mundial, ameaça a construção europeia, prejudica a OTAN e paralisa as organizações internacionais, quanto *imperialista*, pois Kristol e Kaplan destacam o erro dos que pensam que o lugar dos EUA no planeta reside em outra coisa situada para além da dominação mundial, de início; e, depois, enfatizam uma intromissão desenfreada na escala mundial, de sorte que o desafio atual não é a arrogância estadunidense, mas a realidade inelutável da sua potência (Attac, 2004, p. 45). O caso se complica, pois os EUA "se atribuem direitos imperiais especiais, ao mesmo tempo em que adquire a cooperação ativa e multilateral das outras principais potências capitalistas" (Gowan, 2004, p. 21).

Para Brzezinski (2004, p. 289), "uma resposta eficaz", seja estrutural "às turbulências mundiais", seja circunstancial "ao terrorismo", implica tanto o reconhecimento do "papel decisivo da potência americana, condição essencial da estabilidade mundial", quanto "um engajamento em longo prazo, inspirado pelo sentido de justiça", assim como "pelo interesse nacional dos EUA", para que a "preeminência americana" se torne facilmente "uma hegemonia de cooptação, exercendo sua liderança em nome das convicções comuns federando os aliados, mais do que por uma dominação de fato". Para Gowan (2004, p. 22), porém, "a guerra contra o Iraque e suas consequências estão em vias de mostrar as dificuldades de tornar efetivos, simultaneamente, os direitos de primazia e os sistemas de suporte multilaterais". Os desafios "podem aparecer para Washington como ameaças contra o prestígio e os interesses nacionais dos EUA e podem conduzi-los a penetrações custosas e imprevisíveis em vários e diferentes teatros simultaneamente" (Idem). Portanto, as guerras de agressão dos EUA contra vários países soberanos, como hoje a Líbia e ontem a Iugoslávia e o Iraque, para Brzezinski (2004, p. 31), servem de "protótipos" para as "operações militares futuras", com o uso de "armamentos altamente avançados, capazes de fixar alvos muito seletivos sobre objetivos julgados nevrálgicos por causa de seu valor militar ou de sua importância econômica". Em decorrência dessas iniciativas geoestratégicas, as vacilações dos imperativos das eras sombrias e das governanças globais malogradas dos EUA (Kagan, 2003, p. 148) não resultam de uma tomada de consciência *a posteriori*, quer de seus delírios e de suas especulações, quer da incompatibilidade entre seu patriotismo e seu cosmopolitismo. Estão simples e obviamente inscritos no "sistema de autodefesa habitual dos universitários" e *think tanks* dos países imperialistas, cujo "modo de emprego" é a "barbárie", sendo estes os aparelhos concretos que usam especialmente "quando tentam levantar fundos junto às pessoas que só cogitam dar o seu dinheiro para coisas que tenham um resultado prático evidente, como o aperfeiçoamento das armas nucleares ou o ganho de alguns milhões de dólares" (Hobsbawm, 2008, p. 83). Para este, desde logo, "é o trabalho dos historiadores desmantelarem tais mitologias, a menos que eles se satisfaçam por estar a serviço das ideologias", em seguida, "teme que isso tenha sido frequentemente o caso dos historiadores nacionais" (idem, p. 86); enfim, Renan via "o esquecimento" e até mesmo "o erro histórico" como "um fator essencial da criação de uma nação" (Ibidem). Esse processo trágico se repete na farsa da *nova ordem mundial*, quando a teoria neoliberal triunfante tentou, *in fine*, um retorno da história (Kagan, 2008) para "inventar a história que ela desejava concretizar" (Hobsbawm, 2008), como também na antecipação da *ordem do mundo do século XXI*, sob a configuração de *State Building* — uma pretensão científica, artística ou técnica repleta de ambição obstinada e arriscada: "somente Estados podem ser construídos de maneira voluntária. Se sai uma Nação disso, é mais um problema de sorte do que de projeto" (Fukuyama, 2005, p. 153).

Assim, o neoliberalismo cosmopolita apoia uma "guerra permanente e ilimitada", absolutamente necessária, que "exige uma justificação não menos absoluta", ou melhor, uma "obrigação absoluta" de um *terrorismo humanitário*, oximoro imposto ao arrepio de um direito internacional "tornado solúvel na ética" (Bensaïd, 2008, p. 116). Na sequência histórica da barbárie, assim "se esboça uma forma inédita de guerra santa globalizada para a qual os combatentes atribuem justificações e compensações celestes, que dissimulam questões e razões profanas" (Idem, p. 102). Desse modo, sem nenhuma referência às razões imperialistas gerais e petroleiras específicas da invasão do Iraque pelos EUA e por seus aliados mais próximos, o consenso de Walzer reside na "possibilidade de utilizar a força nesses casos extremos", pelos "Estados que o podem", a partir de uma "concepção de um mínimo" de direitos do homem e de uma "comunidade de Estados semissoberanos" (Walzer,

2004, p. 66 e ss). A atualização escolástica e moralista da guerra justa e a sua implementação global levam à naturalização da norma imperialista de que, diante da impotência da ONU, só a hiperpotência hegemônica dos EUA pode ter a pretensão de soberania universal,

> "um princípio novo no sistema das relações internacionais, que deve imediatamente aparecer como ilegal, como infração e como agressão, mas que o faz para antecipar uma reorganização jurídica que terá por efeito legitimar retrospectivamente seu princípio, como já foi o caso em muitas vezes na história do direito internacional." (Balibar, 2008, p. 1).

Na nova ordem mundial, a fabricação moralista e humanitária do Estado é uma inovação reacionária que se faz passar por uma reforma, inspirando-se no elogio da melhoria do estatismo (Fukuyama, 2005, p. 182). Assim, "reduzir a extensão do Estado permanece um objetivo em muitas partes do mundo" (Idem). Entretanto, sob o esquema de uma ordem cosmopolita de governança, distopia futurista na qual a forma planetária tem primazia sobre a forma nacional, o direito de ingerência imperialista prevalece brutalmente sobre a soberania estatal do direito internacional, o processo de desenvolvimento neoliberal exige tanto guerras *"preventive/preemptive"* (Vilboux, 2007) ditas humanitárias e progressistas, com base nos "valores da democracia", para a "fabricação do Estado", quanto a superação do sistema westfaliano, cujas "pedras angulares", a saber, "a soberania e o Estado-nação", desde o fim da guerra fria, "foram erodidos e atacados no seu princípio" de sorte que os interesses estatais internos tornam-se cada vez mais um negócio importante colocado na mira dos "outros membros do sistema internacional", que se articulam num novo poder imperial (p. 143 e ss). Nesse poder há uma hierarquia por causa da "disparidade das forças", persistente no pós-Guerra Fria, que "não diminuiu a importância da força militar, e os europeus descobriram que o poder econômico não é forçosamente sinônimo de poder estratégico e geopolítico" (Kagan, 2003, p. 37). Eis a arte da guerra "fora dos limites",[8] pois "a arte de construir o Estado aparece desde então como um componente essencial de uma potência nacional, tão importante quanto a capacidade de pôr em prática uma força militar tradicional para salvaguardar a ordem do mundo" (Fukuyama, 2005, p. 184). A ambição de hiperpotência hegemônica dos EUA "é apenas a expressão confessa do que era um princípio tácito do planejamento estratégico dos EUA, senão de seu orçamento de defesa e de seu potencial militar" (Kagan, 2003, p. 146-147). Portanto, a abstração de "ler os desejos do presente no passado" imperialista, "em termos técnicos, o anacronismo é o método mais corrente e prático para criar uma história satisfatória às necessidades" das chamadas comunidades imaginadas, "que não são de maneira alguma unicamente nacionais" (Hobsbawm, 2008, p. 129-130). Para Kagan (2003, p. 138), "a prova da transcendência da experiência americana devia aparecer não somente no aperfeiçoamento contínuo das instituições americanas no seio do país, mas também na difusão da influência americana através do mundo". No pós-Guerra Fria, "a ruptura do equilíbrio catastrófico das forças em

---

8. "Diante de uma guerra no sentido amplo, conduzida sobre um campo de batalha sem fronteiras, é desde então impossível assegurar a segurança de um Estado e garantir os interesses nacionais dessa ordem contando somente com um exército e armas militares. Evidentemente, a guerra sai do domínio das armas e dos assuntos militares e se torna assunto dos políticos, dos cientistas e mesmo dos banqueiros. A maneira de conduzir a guerra não é mais uma questão que concerne somente aos militares." Liang & Xiangsui, 2003, p. 307.

proveito de uma nova hegemonia imperial acelerou e amplificou as tendências centrífugas à disseminação da violência armada", bem compatível com a ação ordinária e oficial do exército e da polícia (Bensaïd, 2008a, 113-114). De fato, a globalização do capital se articula a novas formas estatais capitalistas atribuindo ao mundo novas formas imperialistas, em proveito da justiça, das instituições e da ordem dos conquistadores — os EUA "jamais aprenderam a promover ideais, com sucesso, sem recurso à força" (Kagan, 2003, p. 148). Volta à barbárie: 1º com "estado de sítio, lei marcial, estado de urgência; *Patriot Act*, como medidas antiterroristas, até a banalização do governo por decreto", em suma, "as disposições temporárias do estado de exceção tendem a se perenizar em tempos de paz. Sua proclamação solene é substituída pela "extensão do paradigma da segurança" como "técnica normal de governo" (Agamben)". (Bensaïd, 2008a, p. 54). 2º na nova agressão ao Iraque,

> "com as gritantes falsificações que a motivaram, o uso intensivo de meios de destruição massiva, a imponente campanha ideológica, as matanças de civis, a ocupação militar do país, a depredação dos recursos energéticos, o controle pelos ocupantes das estruturas políticas e judiciárias, e a fragmentação do território, servem de exemplo paradigmático da natureza ilegal e terrorista da 'guerra global preventiva' contra o *global terrorism*" (Zolo, 2007, p. 124).

Sem usar fórmulas teóricas, técnicas ou artísticas complicadas, Brzezinski (2002, p. 47) somente atesta o estado da inserção específica do imperialismo na era global:

> "a potência global ao nível da qual chegaram os EUA é, então, única, por sua envergadura e sua onipresença. Não somente os EUA controlam a totalidade dos oceanos e dos mares,

mas dispõem de forças anfíbias lhe permitindo intervir em toda parte. Suas 'legiões' ocupam posições inexpugnáveis nas extremidades leste e oeste do continente eurasiano e controlam também o golfo Pérsico. Seus vassalos e submissos, dos quais alguns acentuam as marcas de fidelidade até desejar vínculos ainda mais estreitos com Washington, estão repartidos sobre o conjunto dos continentes".

Diante do declínio natural ao longo dos anos da "potência sem precedente dos EUA", ponderou-se que "a prioridade geoestratégica reside, então, em gerir a emergência de novas potências mundiais de modo que elas não coloquem em perigo a supremacia americana" (Idem, p. 253). Porém seria preciso tanto analisar as "experiências históricas que concernem mais de perto o problema examinado" quanto "prever a possibilidade da ruptura com as tendências supostas" (Arrighi, 2008, p. 101). Sem as abstrações racionais necessárias, "enquanto inspiração e ideologia, a história tem uma tendência inata a se transformar em mito autojustificante" (Hobsbawm, 2008, p. 101).

Brzezinski (2004, p. 10-12) supõe que "a recente revolução das tecnologias avançadas", sem dúvida, "favorece a emergência progressiva de uma comunidade mundial de interesses cada vez mais compartilhados, no centro da qual se encontram" os EUA, de um lado; e, do outro, que a mundialização significa, essencialmente, a ampliação da interdependência entre as nações, mas essa "interdependência não é, em nada, uma garantia de igualdade de estatuto, nem mesmo de igualdade na segurança para todas as nações" Toda contestação dessa centralidade é, na prática, tida pelos imperialistas liberais como irracional ou bestial, e significa a extrema insegurança diante dos ataques "inteligentes" e "cirúrgicos" da "guerra como expressão suprema — irreprimível e invencível — do progresso científico e tecnológico" (Zolo, 2007, p. 26).

Brzezinski (2004, p. 19) previu que no início do milênio "o efeito estabilizador da potência americana será indispensável ao equilíbrio internacional", bem como "as colocações em causa dessa potência só poderão vir dos próprios EUA." Imagina um Leviatã cosmopolita liberal ditando seja a insegurança seja a segurança no mundo (idem, p. 20), com uma "hegemonia de cooptação" (p. 289-290) e uma geopolítica de donos do "resto do mundo" (p. 7-8).

Para além da superação do consenso de Washington pelo de Pequim (Arrighi, 2008, p. 383), na estratégia de romper com o círculo vicioso da mundialização do capital e de sua reificação global, tanto a análise crítica da crise do capitalismo global, do desastre ecológico japonês, etc., quanto a constatação do fracasso das atuais invasões guerreiras dos EUA, apesar de suas exorbitantes "capacidades de intervenção militar na escala planetária", ratificam a colocação em causa dos outros aspectos tidos por Brzezinski (p. 7) como capazes de atribuir ao seu país uma potência imperialista sólida e durável, a saber: "caráter nevrálgico de sua vitalidade econômica para a saúde da economia mundial; dinamismo tecnológico com efeitos decisivos sobre a inovação; difusão para além das fronteiras de todas as facetas de sua cultura de massa, inclusive as mais vulgares" (Idem). Kagan (2008, p. 144) fez abstração de tudo que contraria isso como condição *cæteris paribus* de sua nova farsa sobre "o retorno da história e o fim dos sonhos", para chegar à *evidência* de que "o ideal democrático liberal e o mercado livre têm vigor". Uma vez que esses trunfos e ideais liberais estão fracassando na fase atual da crise estrutural, servirão talvez tanto para reduzir a euforia do *historiador* neoliberal triunfante quanto para lhe "inspirar uma história de qualidade, inovadora" — pois, como diz Koselleck, "nada aguça tanto o espírito do historiador quanto a derrota" (Hobsbawm, 2008, p. 196-197).

1.4 O cosmopolitismo social-liberal

A ideologia social-liberal ocupa um lugar importante no debate anglo-americano e europeu sobre o novo cosmopolitismo dito democrático. Para Archibugi (2003), é preciso colocar o capitalismo mundial *sobre a via da democracia mundial* por intermédio da aplicação prática do modelo teórico da *democracia cosmopolita*. Para Beck (2003, 2006), os riscos articulados uns aos outros, de natureza econômica, ecológica e terrorista, próprios à era da mundialização, "fortalecem potencialmente uma consciência normativa global, instituem uma opinião pública e tornam a óptica cosmopolita possível" (Idem, 2006, p. 48). A partir da tese do advento de uma grande transformação epocal da primeira para a segunda modernidade — aumentando o risco, por causas não apenas originárias das ameaças externas, mas oriundas acima de tudo da dinâmica atual da própria "sociedade mundial do risco" —, defende a tese complementar segundo a qual "a questão das causas e dos autores de ameaças globais provoca o surgimento de novos conflitos políticos", mas, providencialmente, "o debate suscitado pelas definições e pelas competências favorece um cosmopolitismo institucionalizado" (Idem). Além disso, "a sociedade cosmopolita tem necessidade de novas instituições para assegurar e regulamentar o viver-junto numa civilização interdependente e que coloca ela própria em perigo"

(p. 254). Em suma, "*a cosmopolitização representa o desaparecimento definitivo da sociedade fechada*" (p. 212).

Moderniza-se a sociedade em prospectiva cosmopolita, para anuí-la aos novos tempos e à futura ordem mundial. A nova governança já estaria em marcha com "a era dos perigos civilizacionais", regida pela "lei da modernidade reflexiva" (Beck, 2006, p. 256-257), com voluntarismo cosmopolita, capaz de superar o autoritarismo "no interior, entre e para além dos Estados" (Archibugi, 2009, p. 29). Depois do fim da URSS, a futura "democracia cosmopolita" frearia o militarismo dos "Estados democráticos", que "concentram uma soma de recursos econômicos, tecnológicos, militares, ideológicos e políticos suficiente para assegurar o controle do conjunto do planeta. Apesar disso, uma vez mais, a força militar regula a política internacional" (Idem, p. 80). Como premissa das antecipações, "a democracia deve ser pensada como processo em vez de um conjunto de normas e procedimentos" (p. 31). Isso parece uma aproximação com o marxismo, antecipando e vendo um movimento (Lukács, 1989, p. 15), em vez de se fixar num modelo, sendo "preferível falar de democratização — insistindo por isso mesmo sobre o aspecto dinâmico de um processo sempre inacabado — em vez de democracia — que fortalece a ilusão de que uma fórmula definitiva pode ser dada" (Amin, 2003b, p. 52). A democracia formal burguesa, para além de uma forma de manifestação governamental imediata, é uma categoria cuja essência reside na superestrutura; se insere, portanto, numa totalidade concreta, complexa e contraditória. Porém, o cosmopolitismo social-liberal pensa a democracia como uma estrutura institucional isolada abstratamente de todo o resto das formas sociais e históricas, para tornar implicitamente incompatíveis o processo de democratização e suas manifestações fenomênicas. A estrutura da democracia cosmopolita é concebida a partir tanto de teses duvidosas específicas — como as do valor universal da democracia e da perda de força da ameaça nuclear — quanto a partir da tese universal discutível de que o processo de democratização só se realiza num mundo que evolua na direção do modelo experimentado pelas sociedades dominantes e vitoriosas da Guerra Fria. Assim, a "questão crucial, para a era da mundialização", reside em saber "como preservar a democracia e seus valores fundamentais adaptando-a ainda, ao mesmo tempo, a novas circunstâncias e a novos problemas" (Archibugi, 2009, p. 44). Nesse evolucionismo, usa uma taxinomia funcionalista que visualiza, "segundo os diferentes níveis de governança", as seguintes "dimensões paradigmáticas": "local, estatais, interestatais, regional e mundial" (Idem). Tacitamente, predomina o consenso da perpetuação do capitalismo da era global. Em vez de atualizar e situar de fato para além do fordismo, em meio à opressão intensiva atual, a estratégia da classe para si, buscando a via de uma democratização concreta, Beck (2006, p. 187) prefere usar uma regulação futurista, em que "a cosmopolitização 'para si' poderia se tornar um conceito chave para abrir as portas que levam às novas paisagens cosmopolitas dos conflitos, assim como às instituições de regulação desses conflitos que poderiam lhes atender no futuro".

Archibugi (2009, p. 64) explicitou sua adesão à tese do fim da história sob o véu da proclamação de Beck: "cidadãos de todo o mundo, uni-vos". Com isso, separou a democracia das determinações históricas capitais no seio das quais ela vem ao mundo e elaborou um modelo abstrato de um escopo geral e absoluto, num procedimento longe de ser crítico do ser social realmente existente. Nesse caso, a democracia formal burguesa não é um valor universal, próprio a uma forma de existência absoluta, nem um fim em si, como também não é um ideal a ser atingido por meio do uso de energias utópicas. Ainda que essa democracia necessite sempre de fetichismos, ideais e ilusões, não é o simples resultado dos mitos pendulares do mercado autorregulado *versus* o regulado. O cosmopolitismo social-liberal busca aplicar *entre e para além* do Estado a mesma lógica capitalista que havia florescido *no interior* do Estado social. Na era pós-moderna, "a mesma questão se coloca sobre o tabuleiro internacional: estabelecer a responsabilidade dos países mais ricos (e democráticos) para com os países mais pobres (frequentemente não democráticos) que articularão esses dois polos" (Idem, p. 75-76). O autor é bastante otimista para "crer que os conflitos podem ser resolvidos no nível mundial através de procedimentos jurídicos e constitucionais em vez do uso da força", a partir da "hipótese de que as normas podem ser respeitadas, mesmo na ausência de um poder de coerção em última instância" (p. 56). Adota a tese kelseniana de que a soberania estatal é "um dogma a superar" (p. 55), em prol do ético e da justiça mundial. Basta contar com as "vantagens ocultas dos regimes democráticos", isto é, com os méritos da *realpolitik* da terceira *via* dos Estados democráticos, a saber: seu suposto interesse "pela criação das organizações internacionais e pela participação nessas mesmas organizações, assim como o fato de que encorajam o desenvolvimento das associações transnacionais"; sua suposta tendência "a um maior respeito das regras quando são partilhadas por comunidades que se reconhecem mutuamente como análogas" (p. 36-37). Imagina um Leviatã cosmopolita democrático "segundo um silogismo que jamais é explícito, a persistência da guerra é imputável à presença de Estados não democráticos. Por conseguinte, poder-se-ia garantir a paz na escala mundial agindo unicamente sobre os sistemas políticos no interior dos Estados. Portanto, os Estados democráticos não aplicam necessariamente na sua política exterior os mesmos princípios e os mesmos valores que aqueles sobre os quais o seu sistema interno é construído" (p. 35-36).

Busca ocultar a permanência da opressão intensiva atual através de um humanismo tautológico: "globalizar a democracia e, ao mesmo tempo, democratizar a globalização" (Beck, 2006, p. 28). Daí o ambíguo *consenso beckiano*:

> "o cosmopolitismo realista pressupõe um *patamar mínimo de universalismo*. Fazem parte dele certas normas concretas que não devem ser violadas em nenhuma hipótese... Pode-se então falar de um '*common sense* cosmopolita' quando se tem boas razões de se supor que, no lugar em que esses mínimos universalistas ocorrem, a maioria dos homens estaria pronta para defendê-los em caso de necessidade" (Idem, p. 101).

Isso é difícil por causa do "impasse de uma falsa alternativa nacionalista" entre os EUA e o resto do mundo, que "se agarra às ruínas da antiga ordem — o 'direito internacional', todo escrito na língua dos Estados nacionais —, para se preservar do apetite de poder da única potência mundial, a mais singular: os EUA" (p. 67). Do lado do resto do mundo, "a gente nega, calunia o gosto cosmopolita da ausência de fronteiras, a gente se instala, nas ruínas do nacionalismo metodológico — da boa velha ordem mundial —, para defender sua própria soberania que se reduz ao máximo"; do lado do cosmopolitismo despótico, "a gente se serve da óptica nacional para observar o mundo global" (Idem). Para superar o falso debate, nacionalista ou internacionalista, sobretudo entre a *lógica do direito* e a *lógica do poder*, "é preciso, então, se fazer advogado do diabo" (a maiêutica seria mais útil), a fim de "interrogar as boas intenções cosmopolitas sondando sua contribuição emancipadora ou seus abusos, para poder lançar a controvérsia sobre o ético e a política do cosmopolitismo" (p. 97).

Enfim, Beck (2003, p. 468 e 490) elaborou uma tipologia funcionalista tanto da política quanto das formas estatais da era da globalização, quando o elogio das "boas intenções cosmopolitas" sobe no deslocamento da esquerda para a direita e de cima para baixo. Para Beck (2006, p. 326), "as ideias de Estado e soberania devem ser elas próprias ampliadas e redefinidas numa óptica cosmopolita". Muito bem instalado na tipologia hierárquica e moralista, o cosmopolitismo dito emancipador (social-liberal) sugere ao cosmopolitismo dito abusivo (liberal) que faça uma autocrítica quanto à guerra de agressão (ilegítima e ilegal) ao Iraque; retira disso tudo um silogismo logicista e vulgar: 1º A lição de descobrir "os paradoxos da política de ameaça militar que visa desenvolver e pacificar o mundo; percebe-se aqui a que ponto é difícil ganhar também a paz depois de ter ganhado a guerra", quando o processo "traz a marca de Caim"; 2º "Não funciona" a divisão internacional do trabalho "que faz com que os Americanos joguem o pôquer da guerra se colocando como xerife belicista, enquanto os Europeus se instalam como juízes ávidos de paz"; 3º Se os belicosos EUA se dessem conta da inutilidade de "ser a maior potência militar se ela se opõe ao mesmo tempo ao direito mundial, e se ao inverso a Europa pacifista se tornasse, ela também, uma potência militar, então a aliança atlântica poderia ser refundada" (Beck, 2006, p. 250-251). Portanto, o *consenso de Walzer* e o *consenso de Beck* poderiam ao mesmo tempo elaborar e antecipar o advento de um novo império *aditivo* da *pax americana* dos estadunidenses tornados mais idealistas e da *cosmopolis global* dos europeus tornados mais realistas (idem, p. 256 e ss), dado que "a hipótese segundo a qual essas visões de uma nova ordem mundial seriam radicalmente exclusivas uma da outra pode provavelmente ser descartada de imediato" (p. 263). Trata-se, então, de fazer a soma pacífica dos falcões imperialistas de Bush com as pombas subimperialistas de Blair. Para a satisfação dos que personificam o capital na escala mundial, assim como dos que fazem o elogio do fim da política profana, um novo sujeito revolucionário híbrido seria capaz de carregar esse novo fardo do homem mestiço: "uma nova 'classe global' heterogênea", apenas "constituída de governos da Europa e de outros lugares, de militares e do governo americano, mas também de atores das ONGs globais, de expertos transnacionais das organizações internacionais, etc.", que "se empregue em reordenar o planeta com os perigos que ele se criou" (Idem). Enfim, é o elogio explícito da nova governança global e implícito do novo *nomos* da terra, que "sintetiza a experiência da aliança ocidental e da UE e continua a construção desta para adaptá-la à era dos perigos globais" (p. 339). Tem algo de regressivo e reacionário nisso tudo, pois a nova óptica democrática da construção europeia segue a terceira via cosmopolita que se desloca da esquerda para a direita e do alto para baixo.

Capítulo 2

As abordagens críticas

Para além da apologética recusada anteriormente, para uma crítica eficaz, importa enfatizar o caráter orgânico das múltiplas determinações estatais e econômicas do atual imperialismo global. A intensidade da recusa à globalização do capital, por sua vez, repercute na oposição mais ou menos radical à configuração imperialista pós-moderna, nas críticas ao imperialismo realmente existente, nas visões socialistas ou reformistas, comunistas internacionalistas ou altermundialistas, assim como institucionalistas ou realistas de resistência ao chamado império global. Neste quadro, a prospectiva de um Estado global só foi admitida como uma tendência que nunca se realizará, em razão do desenvolvimento desigual persistente no capitalismo global. Salvo para certos regulacionistas, neomarxistas ou pós-marxistas.

2.1 O neorrealismo neo-schmittiano

Existe uma articulação difícil de ocultar entre o advento de uma construção coletiva ideal planetária — como elemento universal do modo estatal global, ao lado de seus elementos estatais nacionais e regionais — e a proliferação de intelectuais e burocratas cosmopolitas liberais colaboradores do estado de exceção ordinário e da guerra permanente e ilimitada. Esse comprometimento resta firme, apesar das desigualdades gritantes e das violências mortíferas decorrentes da implantação da experiência imperialista global. Esse tipo de participação vem de longe e ilustra certa impunidade, notada por Zolo (2007, p. 18), pois "jamais se organizou um único processo, nem no âmbito nacional nem no internacional, por crimes de agressão", tanto na *pax americana* quanto na *pax imperialis* — sempre prevaleceu a *"justiça dos vencedores"*, isto é, "que se aplica aos vencidos, aos fracos e aos povos oprimidos" (Idem).

Essa situação já havia sido antecipada por Schmitt (2008), a partir de sua análise do novo *nomos* da terra após a segunda Guerra Mundial. Mas sua visão "turva", assim como "a perturbação, própria ao burguês contemplativo quando tenta compreender o presente imediato que o envolve, sempre foi extremamente manifesta" (Bloch, 1981, p. 17). Portanto, ficar no "pensamento do *hic et nunc*" que "permanece puramente contemplativo em vez de ser engajado" (p. 16) na superação efetiva da opressão, como no caso da crítica pessimista e direitista schmittiana, só pode levar à falta de alternativa e ao fatalismo. Contudo, dificilmente um geopolítico realista poderia aprovar o expansionismo praticado por todos os governos dos EUA no pós-Guerra Fria. Assim,

> "a guerra global 'preventiva', teorizada e praticada pelos EUA e por seus aliados ocidentais mais próximos, parece uma prótese necessária para o desenvolvimento de processos de globalização que dividem cada vez mais o mundo em ricos

e poderosos, de um lado, e pobres e fracos, de outro, enquanto o chamado *global terrorism* se tornou o contraponto igualmente sanguinário e niilista do conflito neocolonial que opõe o Ocidente aos países que resistem à sua ambição hegemônica planetária" (Zolo, 2007, p. 27).

O neorrealista italiano sublinhou a importância de superar o maniqueísmo trágico que assumiu a forma segurança *versus* terrorismo, cuja resultante favoreceria tanto a proliferação da barbárie na escala planetária quanto a configuração totalitária de um império global, de modo que urge

> "uma proteção internacional — e não somente nacional — dos direitos subjetivos, apesar de que resulte ilusório pensar que seja possível construir uma espécie de Estado de direito cosmopolita que transcenda as estruturas dos Estados nacionais. O problema é compatibilizar as intervenções transnacionais para proteger os direitos subjetivos com a diversidade cultural, a identidade e a dignidade dos povos, com a integridade das estruturas jurídico-políticas, a qual eles se deram livremente" (Idem, p. 82).

Como a solução realista da dialética infernal entre o império global e o terrorismo global só poderia ser encontrada no exame racional das causas que estão na origem do fenômeno para tomar as medidas efetivas e fazer as reformas necessárias, criadas e postas em prática internacionalmente, um desiluso Zolo (p. 157-158) fez uma antecipação:

> "liberar o mundo da dominação econômica, política e militar dos EUA e de seus mais próximos aliados europeus. Com efeito, a fonte principal, ainda que não exclusiva, do terrorismo internacional é o poder avassalador dos novos, muito civilizados 'canibais': brancos, cristãos, ocidentais".

Dentre esses estão os que personificam o *poder imperial* reificado. Zolo fez uma utilização prudente da categoria *império global*, como resultado de uma posição crítica bem atenta à derrapagem terminológica e à falta de rigor teórico-político. Com todos esses cuidados prévios, inspira-se naquela categoria para concluir que "o poder dos EUA é um poder imperial" (p. 142), acima de tudo

> "num sentido estratégico, tratando-se de uma potência que, graças à sua absoluta superioridade militar, pode atuar numa perspectiva universalista, envolvendo o planeta com a densa trama de suas bases militares e a rede informática da espionagem por satélite... Tem interesses, encargos e obrigações globais e, portanto, deve estender e fortalecer... sua supremacia na determinação dos processos globais de repartição da riqueza e do poder, na imposição da própria visão do mundo e na fixação das regras para realizá-la" (Idem).

Ao contrário das visões conservadoras, sua teoria do império global não decorre de uma abordagem que tenha por objetivo um comprometimento positivista com o *nomos* da terra atual. O poder estadunidense

> "é um poder imperial, também num sentido normativo, porque tende a ignorar sistematicamente os princípios e regras do direito internacional... É fonte soberana de um novo direito internacional, de um novo '*nomos* da terra', no qual, por causa da ameaça do *global terrorism*, pode proclamar um tipo de 'estado de exceção' global e permanente... A guerra se apresenta como o instrumento principal da proteção dos direitos humanos, da expansão da liberdade, da democratização do mundo, da segurança e do bem-estar de todos os povos. A guerra global tem como fim último promover a paz global. A *pax imperialis* é, por definição, uma paz perpétua e universal." (Zolo, 2007, p. 142 a 144)

O neorrealista italiano fez muitas precisões e alertas relativos à visão schmittiana do império global, de modo que seria preciso levar em conta apenas a contribuição teórica e histórica do jurista alemão atinente aos aspectos seguintes: inicialmente, a crítica da "projeção universalista da doutrina Monroe pelos EUA", sob a impulsão do idealismo wilsoniano que, após a primeira Guerra Mundial, marcou as organizações e os direitos internacionais; em seguida, a denúncia tanto da "dimensão global e polimorfa" do império estadunidense quanto de "sua tendência a atribuir à guerra, simultaneamente, dimensões globais e propósitos de aniquilação do inimigo"; enfim, a recusa do "projeto de pacificação do mundo" por meio de instituições universalistas planetárias, "empenhadas na criminalização jurídica radical da guerra", quando urge a construção "neorregionalista" de grandes espaços para além das fronteiras estatais, assim como o "relançamento da negociação multilateral entre os Estados como fonte normativa e legitimação dos processos de integração regional, que se deve opor ao imperialismo estadunidense" (p. 139 e ss).

Para Zolo (2010, p. 1), "os elos mais fracos da corrente ocidental poderiam se romper cedo ou tarde e causar o colapso de todo o sistema econômico-financeiro. A crise se mantém e, além disso, se estende ao nível mundial e mina as próprias bases da existência humana". Como na teoria schmittiana do império, uma grande crise global serve de prenúncio para o advento de um novo *nomos* da terra, ou melhor, a chegada de uma nova grande transformação social e histórica, sem nenhuma antecipação concreta que a situe efetivamente para além do capitalismo — ainda que Zolo tenha colocado na base de seus argumentos atinentes à existência do império global estadunidense a articulação deste com as mutações guerreiras, técnicas, políticas e econômicas da era da globalização. Porém não há uma articulação dialética dos contextos antagonistas do modo estatal capitalista global, de um lado; e, do outro, do modo de produção capitalista global — realizando uma totalização dinâmica que combine de maneira desigual dois modos de existência situados respectivamente na base e na superestrutura. Urge engajamento, subjetividade transformadora:

> "toda matéria que não é para o fator subjetivo um substrato e um suporte é uma matéria inerte, um bloco inanimado, uma exterioridade morta. Também, a matéria deve, quanto a ela, ser abordada sobre a fronte da história em termos não mecânicos — não como *caput mortuum*. Pela fronte da história apreendemos a presença do fator subjetivo em toda a sua profundidade, sua inquietude refletida" (Bloch, 1981, p. 19).

Ainda que Zolo não se rebaixe jamais até o terreno realista mecanicista que conduz à apologia liberal do novo império schmittiano, sob o ângulo do advento da subjetividade revolucionária capaz de lhe fazer face, há um fracasso e uma impotência evidente, que abre a guarda para o reformismo regulacionista internacional. Também, a falta de vontade "de cultivar a memória do julgamento realmente revolucionário" é o preço de certa "careta de modéstia", própria àquele que "se acreditava autorizado a dizer que não se erigiria de maneira alguma como juiz do mundo, mas se contentava em constatar aquilo que havia acontecido" (Idem, p. 21), ao modo axiologicamente neutro. Entretanto, o *consenso de Zolo* (2011a) se refere tacitamente à tese brechtiana do caráter *resistível* do império global realmente existente e da recusa de seu *terrorismo humanitário*. Nesse cenário de luta, o neorrealismo vale a pena ser assistido.

2.2 O ultraimperialismo de desmonte nacional

Sassen (2009) achou importante fazer a conclusão da crítica sociológica do Estado da era dita global com uma dupla estratégia de pesquisa generosamente ofertada aos futuros investigadores críticos. *A primeira*, inspirada em Polanyi (1980), pretende ser bastante rica em determinações históricas gerais para permitir "explorar uma tese essencial e capital" segundo a qual "as grandes mudanças dos sistemas complexos não podem advir *ad novo*, mas são geradas, pelos menos parcialmente, a partir das capacidades desenvolvidas durante os períodos anteriores" (Sassen, 2009, p. 352). Lembra certas teorias mecanicistas pendulares que afirmam a primazia das totalizações ideológicas (liberalismo, keynesianismo, neoliberalismo) e das instituições correspondentes (abstraindo o imperialismo, a luta de classes) na explicação das grandes transformações sociais e históricas. *A segunda* é mais estrita e mais pessoal, pois "está baseada na hipótese de que o isolamento de componentes fundamentais, presentes nos grandes todos sociais e geopolíticos, favorece uma perspectiva crítica, diferindo de uma concentração sobre as próprias totalidades" (Idem). Tal olhar crítico e sociológico — mas estático e axiologicamente neutro, bem menos fecundo do que o de Zolo — para a árvore sem ver a floresta

> "permite apreender a operação de montagem desses componentes segundo lógicas organizacionais específicas... Os todos pertinentes são o Estado-nação e a escala mundial, examinados através de instâncias específicas de cada um deles. As componentes pertinentes consideradas (território, autoridade, direitos) foram selecionadas por causa de seu

caráter crucial para as sociedades e para a geopolítica. Pode-se, então, considerá-las como trans-históricas, ainda que apresentem conteúdos e formas específicos em cada formação" (Ibidem).

Uma vez postas a *tese geral* e a *hipótese particular*, numa montagem metodológica complicada, a crítica estrutural-institucionalista erigiu três categorias analíticas distintas para analisar a problemática da formação e das mutações dos sistemas complexos espaço-temporais, a saber:

> "a *capacidade* é uma montagem particular de institucionalizações específicas do território, da autoridade e dos direitos, mais geralmente, das variáveis essenciais escolhidas pelo autor, quaisquer que elas sejam. O *ponto de reviravolta* é uma combinação particular de dinâmicas e de recursos susceptíveis de provocar o aparecimento de uma nova lógica organizacional... A *lógica organizacional* é, na sua dimensão mais abstrata, a dinâmica centrífuga/centrípeta e o sistema relacional constituindo uma ordem, no nosso caso, uma ordem social e geopolítica" (p. 353).

Basicamente, existem duas grandes transformações no interior das três grandes ordens chamadas de feudal, nacional e global, das quais uma montou e a outra desmontou o nacional. Sassen nota, em última instância, as mutações de "desmontagem do nacional" (p. 111 e ss) em detrimento do cosmopolitismo atualmente reinante na determinação das evoluções das formas estatais capitalistas da era global. No atinente à crítica do autoritarismo que é próprio aos processos examinados por Sassen, no polo inverso pode ser colocada a posição de Beck sobre a mundialização, que coloca os valores cosmopolitas democráticos na origem da dinâmica da nova ordem mundial. Longe de ser internacionalista, a socióloga supõe *démodé* a abordagem crítica e revolucionária do Estado e do imperialismo de Lenin (1975). Para Sassen (2009, p. 102), o advento do imperialismo no fim do século XIX e sua consolidação no começo do século seguinte correspondiam a uma "era hipernacional", marcada por monopólios, colonialismo, militarismo etc. Até então, "a história mostra que a análise de Lenin estava mais próxima da verdade, mas que aquela de Kautsky poderia melhor corresponder à realidade de hoje" (Idem, p. 108). De início, prometeu "toda uma série de constatações, interpretações e teses dentre as quais algumas são às vezes muito surpreendentes" (p. 3). Com efeito, apesar de seu acordo explícito com as teses de Kautsky sobre o imperialismo, nessa volumosa obra não existe nenhuma indicação bibliográfica desse autor revisionista. Implicitamente, portanto, o ultraimperialismo se expandiu no quadro do "internacionalismo econômico" até o advento de um "ponto de reviravolta para novas lógicas organizacionais", que abriu a via para a "desmontagem do nacional" (p. 111) própria à era global, a partir dos anos 1980. Hipoteticamente, não há montagem imperialista compensatória, capaz de continuar a barbárie típica do século XX. Nesse domínio, mais uma surpresa, a autora reconhece que prevalecendo nos dias de hoje as "políticas e medidas estatais vigorosas provavelmente vai resultar um poder bruto, contrariamente à categoria mais complexa que é a autoridade, como indicam os novos tipos de guerras..." (p. 373). Por outro lado, o kautskismo prospectivo de Sassen não antecipa a chegada pacífica ao socialismo, mas pensa que "as rivalidades intercapitalistas são tratadas no domínio mais econômico do que militar, e por mecanismos institucionais públicos e privados cada vez mais formalizados", embora "o nacionalismo político" insista "retoricamente" em marchar contra a corrente, as "tendências estruturais" se impõem e "fazem hoje da concorrência internacional, sobretudo, um mecanismo de desnacionalização do capital, enquanto, durante as fases anteriores, servia de razão para o fortalecimento do capital nacional e para o desenvolvimento do nacionalismo político" (p. 109-110). Antes da era global, florescia o intervencionismo estatal, mas "é nesse contexto nacional denso, complexo, muito formalizado, marcado por potentes formações culturais, que os processos de desnacionalização" — depois de meio século de keynesianismo — "começaram a se esboçar no fim de século XX" (p. 109).

Entretanto, "não se pode deduzir que o Estado-nação como forma importante vá desaparecer, mas que, além de ser o lugar de transformações cruciais, vá ele próprio se tornar uma entidade profundamente diferente" (p. 373). Sobretudo nos EUA, a grande transformação neoliberal tanto conduz à dominação do executivo sobre o legislativo quanto coloca em causa os fundamentos democráticos estatais liberais (p. 357). Com a consolidação do "déficit democrático", com "a privatização parcial do poder executivo e a erosão dos direitos dos cidadãos à vida privada", supondo que os ataques neoliberais às "funções públicas são essenciais para formas acrescidas e inéditas de mundialização econômica das empresas, essas mudanças ocorridas no seio do Estado podem ser encaradas como fazendo parte da transformação histórica de nossa época" (p. 358). Diante da posição sobre a "desmontagem" do Estado nacional liberal, sem que se deva de maneira alguma "esperar um Estado global" (p. 256). Para fazer montagens ecléticas, refere-se às noções diversas do *novo imperialismo* de Harvey (2010) e do *Império* de Hardt e Negri (2000).

O leitor de Sassen (2009, p. 370) só pode se espantar, mais uma vez, com uma de suas conclusões: "é a nova literatura sobre o império", para além das abordagens das instituições internacionais, "que melhor dá conta da profundidade das mudanças potenciais, mesmo se não estou de acordo com certas análises propostas".

Ao rejeitar de fato a forma-Império, Wood (2009, p. 281-282) sublinhou a primazia da forma-Estado nacional, em detrimento das formas de existência transnacionais (regionais e planetárias), de modo que, "apesar de o capital mundializado aspirar um Estado tão global quanto ele, o gênero de estabilidade, de regularidade e de previsibilidade necessários ao dia a dia para acumular capital é inconcebível a essa escala". Nesta abordagem, impera o funcionalismo.

2.3 O materialismo histórico global

Entre os marxistas, não existe consenso sobre o desenvolvimento do mercado mundial e a constituição correspondente das formas estatais na escala planetária, que permanecem tanto insuficientemente determinadas nas diversas teorias do *novo* imperialismo quanto ignoradas — por exemplo, sob o pretexto da dificuldade de conceber "uma sociedade mundial, fundada sobre as relações econômicas capitalistas, capaz de se manter sem uma multiplicidade de poderes coercitivos e administrativos muito mais localizados" (Idem, p. 283). Além disso, cabe distinguir as abordagens neomarxistas daquelas do pós-marxismo ocidental, seja negando a determinação da soberania nacional, seja afirmando apenas a determinação da soberania transnacional ou imperial, sem esquecer os traços específicos das análises críticas, em razão da formação intelectual e das sensibilidades espaço-temporais dos autores.

2.3.1 O neoimperialismo expropriador

Em Harvey (2010) existem discordâncias notáveis em relação à crítica sociológica das formas estatais atuais de Sassen, apesar dos traços comuns, como os ares de ortodoxia kautskista, o relevo dado às determinações espaciais, ao ultraimperialismo e às instituições reguladoras. Em geral, o geógrafo neomarxista não se situa no mesmo sítio que Sassen a propósito da era global. Entretanto, há um espaço ideológico comum quando Harvey (2010, p. 239-241), na espera de uma solução mais radical, propõe um projeto de "*New Deal*" planetário, inspirado diretamente na ideia de ultraimperialismo. Com efeito, ambos não são adeptos da prospectiva de um Estado mundial, mas são favoráveis às ações coletivas dos conjuntos estatais nacionais, cuja colaboração recíproca poderia ser capaz de regular o capitalismo mundial, substancialmente de acordo com o estatismo kautskista. Mas a crítica geográfica radical é pessimista diante da situação concreta da era global, quando o único espaço destinado aos povos e proletários do planeta seria o da integração, sem antecipar uma ruptura concreta:

> "Por uma ou outra razão, caso se revele impossível construir a acumulação sempre mais vasta de poder político, a acumulação ilimitada do capital se desmantelará bem provavelmente num caos, colocando fim na era do capital. E esse epílogo não será marcado por uma explosão revolucionária, mas por uma anarquia atormentada" (Idem, p. 60).

Ambas as críticas, sociologicamente ou geograficamente, tomam os EUA como caso emblemático, sobre as alternativas individuais e coletivas. Para Harvey, "sobre este ponto, o resto do mundo só pode olhar, esperar e aguardar.

Mas uma coisa é certa. O antiamericanismo global não será e não pode ser um ponto de apoio." (p. 242). Para chegar a essa posição política, o geógrafo radical fez uma tripla abordagem conjuntural, histórica e teórica do imperialismo, referenciando-se nas análises concretas marxistas tanto universais do imperialismo realmente existente (capítulos 3 e 4), que se estabeleceu desde o fim do século XIX, enquanto forma inerente à acumulação na escala mundial, nos modelos capitalista e *socialista real*, quanto nas do imperialismo neoliberal como uma de suas formas específicas (capítulo 5). Em todas as formas imperialistas capitalistas ou "socialistas", a barbárie extrema sempre tomou um aspecto guerreiro em todas as escalas territoriais, do local ao global. Para além de suas guerras de agressão ordinárias pelos recursos naturais, sua estratégia dominadora resulta de uma configuração dialética entre os interesses capitalistas e estatais enquanto categorias situadas no tempo e no espaço. Na hipótese de que não se trata de um Império sem frases, eterno e desprovido de território, Harvey (2010, p. 23) assumiu uma "perspectiva de longa duração e através do prisma" do "materialismo histórico-geográfico". Como fenômeno historicamente determinado, o imperialismo tem suas determinações universais na longa duração, do mesmo modo que apresenta variações específicas segundo as conjunturas. De início, o termo *imperialismo* foi usado

> "para qualificar uma propriedade das relações interestatais e dos fluxos de poder no seio do sistema mundial da acumulação do capital. Do ponto de vista da acumulação do capital, a política imperialista implica, no estrito mínimo, manter e explorar todas as vantagens em termos de assimetria e dotações de recursos que podem ser combinados por meio do poder do Estado" (Idem, p. 57).

Em seguida, busca "examinar o curso atual do capitalismo mundial", bem como "o papel assumido nele pelo 'novo' imperialismo" (p. 23). Em razão de seu método e de seu objeto, a crítica geográfica radical do Estado na era global deve inseri-lo no contexto do imperialismo capitalista atual. Ao contrário de Sassen, não se quer ocultar a floresta com a árvore. Portanto,

> "o imperialismo capitalista emerge de uma relação dialética entre as lógicas territoriais e capitalistas de poder. Estas duas lógicas são distintas e não são de maneira alguma redutíveis uma à outra; entretanto, elas estão estreitamente entrelaçadas. Cada uma delas pode ser analisada em função da outra, mas suas resultantes podem muito substancialmente variar no espaço e no tempo. Cada uma destas lógicas comporta contradições que a outra deve conter... Logo, não se pode compreender o imperialismo sem inicialmente se defrontar com a teoria do Estado capitalista em toda a sua diversidade. Estados diferentes produzem imperialismos diferentes" (p. 213).

Porém, nesta obra de Harvey consagrada especialmente ao novo imperialismo capitalista, o Estado propriamente dito não foi examinado em detalhe — nem à maneira funcionalista de Sassen, nem como forma cuja existência antecede às suas funções, lógica e historicamente. A ausência de uma análise da natureza do Estado está provavelmente na origem de sua visão regulacionista (que vê contenção quando há resolução de contradições), e, em seguida, de sua utilização acrítica da categoria da governança (idem, p. 213), inaceitável pela crítica efetivamente radical.

No que concerne às funções estatais no imperialismo capitalista, o geógrafo radical americano introduziu uma confusão na concepção orgânica das relações entre as formas capitalistas e estatais. Com efeito, de acordo com a *crítica da economia política*, o Estado funciona no desenvolvimento da sociedade burguesa assumindo um duplo papel de condição prévia e de mediação das relações do capital em geral e dos capitais numerosos. A abordagem marxiana foi colocada em causa nas duas categorias chave da teoria do novo imperialismo, a saber:

1º "o capital entravado" é o tema do capítulo 3 (Harvey, 2010, p. 113 e ss), que trata em suma da relação dialética entre a política estatal e imperial (lógica política/território) de um lado; e, do outro, dos movimentos moleculares da acumulação capitalista no tempo e no espaço (lógica capitalista do poder). O autor ignora quase completamente os movimentos do capital social total como processo cíclico, de rotação e de reprodução, porque se baseia no duplo molinete que assegura a reprodução dos elementos do capital produtivo individual, os quais são reinterpretados na forma dos "circuitos da circulação do capital" (p. 137), numa engrenagem pobre de determinações decisivas, em que se perdem as distinções entre capital constante e capital fixo, capital em geral e capitais numerosos, e a polaridade entre os que personificam o capital e a força de trabalho, sobretudo.

Com esses circuitos empobrecidos da circulação do capital, ainda que enriquecidos pela presença da questão estatal e imperial, o autor reformula a teoria marxiana tanto da produção/reprodução do capital em geral quanto dos capitais numerosos e de suas crises periódicas. Então formulou "a teoria da organização espaço-temporal das contradições internas da acumulação do capital que o predispõem à crise", cuja causa "repousa sobre a tendência crônica, inerente ao capitalismo, a produzir crises de superacumulação" (p. 113-114). Em suma, "tais crises se manifestam tipicamente por excedentes de capitais... e da força de trabalho justapostos, sem que o processo tenha aparentemente nenhum meio de combiná-los com lucro para realizar tarefas socialmente úteis" (p. 114). Enfim,

> "a vertente sinistra e destruidora dos agenciamentos espaço--temporais do problema da superacumulação torna-se um aspecto tão crucial da geografia histórica do capitalismo como o é sua contrapartida criativa construindo uma nova paisagem para acomodar tanto a acumulação ilimitada do capital quanto a acumulação ilimitada do poder político" (p. 163).

Assim, a lógica capitalista do imperialismo estadunidense, especificamente, no contexto do agenciamento espaço-temporal do problema do excedente de capital na escala mundial, "reconduz a impor arranjos e condições institucionais a outros, geralmente em nome do bem-estar universal" (p. 161). Em geral,

> "a tendência ao dinamismo espacial suscitado pela busca competitiva de lucros é barrada pela coalizão de poderes monopolísticos no espaço. E é precisamente de tais concentrações que emanam justamente as práticas imperialistas e os apelos a uma presença imperial no mundo" (p. 123).

2º "a acumulação por despossessão" é o tema do capítulo 4 (p. 165 e ss), em que a visão antinômica do autor formula o seu conceito de acumulação por despossessão a partir de duas polaridades simples, a saber: 1ª dentro *versus* fora; 2ª possessão *versus* despossessão.

Em todas as experiências históricas de capitalismo industrial, há uma intromissão estatal que vem de fora da economia, como condição prévia ao desenvolvimento das relações especificamente capitalistas industriais. Trata-se tanto de garantir a acumulação primitiva de riquezas necessárias ao monopólio dos meios de produção pela classe dos capitalistas quanto para despossuir o proletariado das condições de subsistência autônoma e obrigá-lo a vender sua força de trabalho aos possuidores dos meios de produção.

Em Harvey (p. 172-173), o que é genético tornou-se permanente e, como "é curioso chamar de 'primitivo' ou de 'original' um processo sempre em curso", trocou "estes termos pelo conceito de 'acumulação por despossessão.'" Trata-se de uma autêntica e evidente contradição nos termos. Além disso, a intromissão estatal nas relações capitalistas apreendidas pelo materialismo dialético e histórico concerne à riqueza das determinações seguintes: seja das premissas e das mediações da exploração, da dominação e da humilhação que sofre o proletariado, condensadas na primeira polaridade de Harvey; seja das premissas e das mediações dialéticas do capital em geral e dos capitais numerosos, condensados na segunda polaridade de Harvey. Somente tais simplificações e condensações revisionistas autorizam o geógrafo radical a elaborar o silogismo bastante superficial (logicista e vulgar) seguinte: Em geral, "a acumulação por despossessão pode se desenvolver de diferentes maneiras e uma boa parte de seu *modus operandi* é contingente e fortuito" (p. 117). Em particular, desde os anos 70, "a acumulação por despossessão conquistou a parte avançada da cena enquanto contradição principal no seio da organização imperialista da acumulação de capital" (p. 201). No sentido próprio,

> "o principal veículo da acumulação por despossessão foi a abertura dos mercados do mundo inteiro, através de medidas

restritivas, graças às pressões institucionais exercidas pelo FMI e pela OMC, confortadas pela faculdade dos EUA (e da Europa numa menor medida) de negar o acesso ao seu vasto mercado aos países que recusam desmantelar seus dispositivos protecionistas" (p. 210).

Nas duas categorias-chave examinadas acima, há uma total confusão no seio do silogismo do Estado capitalista nacional entre a forma-Estado (generalidade), a forma de Estado (particularidade) e a forma do Estado (singularidade), assim como entre as formas estatais burguesas (situadas no nível da superestrutura) e suas funções capitalistas (preenchidas no nível da base). Na realidade, a forma-Estado age tanto como premissa quanto como mediação das relações contraditórias mercantis simples e desenvolvidas. Em todos os casos, a totalização é concreta, complexa e contraditória. Quando a análise concreta de Harvey é aplicada à situação concreta do silogismo do império realmente existente o conduz à posição consensual do ultraimperialismo, na busca de uma simples compatibilidade entre as lógicas políticas e econômicas do imperialismo. Em suma, "apesar das críticas justificadas sobre o uso excessivamente elástico da noção de despossessão, ela não deixa de ter um valor descritivo e polêmico diante da contrarreforma liberal" (Bensaïd, 2008a, p. 254).

Porém, para se tornar uma referência importante na abordagem crítica do novo imperialismo global sob a hegemonia dos EUA, além da necessidade de superar as insuficiências teóricas vistas acima, "os conceitos de ajuste espacial e de acumulação por desapropriação devem ser reconfigurados de um ponto de vista histórico mais amplo e extenso do que o de Harvey" (Arrighi, 2008, p. 237).

2.3.2 O hegemonismo imperial global

Além de Harvey (2010, p. 61), outros marxistas abordaram o imperialismo global a partir da noção de hegemonia de Gramsci (2001, v. 1, p. 40; v. 3, p. 2010). Assim, foi concebida uma hegemonia pentárquica atual, como um momento de "restauração", de "partilha do poder" e de ausência de perigo iminente originário de conflitos "militares" entre as superpotências, assim como de "revoltas sociais" entre as classes no centro do sistema, e de "resistências" periféricas ao império, sem fins proletários socialistas, mas, em vez disso, populares e islamistas; portanto, não é uma conjuntura de "caos sistêmico" nem de "desvalorização" massiva do capital, apesar da ocorrência de "turbulências políticas" controláveis, porque o fim da guerra fria teria permitido o advento de uma "nova Concertação das Potências" — tendo "assento no Conselho de Segurança" da ONU, assim como "encontros econômicos globais variados — unida em defesa de um *status quo* estratégico, em torno de seu monopólio de armas nucleares"; nesse processo, existe uma determinação em última instância, pois é "a defesa da estabilidade capitalista como tal", sob o aspecto econômico, que se tornou atualmente "a chave da concertação"; nesta, entretanto, "se as tarefas estritamente militares e políticas têm menos urgência ou prioridade das do passado, isso não quer dizer que o grau de coordenação entre elas é menor. Pelo contrário, é muito maior" (Anderson, 2010, p. 1). Mas isso não leva à existência de um Estado mundial. O historiador inglês pensa que no seio da hegemonia atual entre os Estados existe a primazia do consenso sobre a força entre cinco potências, cujas classes dominantes elaboraram uma configuração coordenada imperial — a saber, a América, a

Europa, a Rússia, a China e o Japão —, sobre a base de um modo de produção "pancapitalista" ao qual corresponde um conjunto amigável de Estados capitalistas em graus diversos; assim, a Rússia e a China "agora fazem parte do mesmo ecúmeno, partilhando interesses políticos e econômicos em comum com os próprios EUA, os principais Estados europeus e o Japão"; o "mercado mundial contemporâneo" serve de quadro para a "nova Pentarquia", que "se mantém vinculada numa rede combinada de fluxos de comércio e investimento em uma interdependência compacta, na qual a prosperidade e a estabilidade de cada um dependem da dos outros"; observa-se que esse sistema só considera a existência do capital social total na escala mundial, a que corresponde o consenso entre potências, não deixando lugar para os capitais numerosos em concorrência, aos quais corresponde a confrontação de forças entre as potências; também, "nesse sistema, qualquer ameaça econômica a um dos Pentarcas se transmite aos demais, numa velocidade e numa escala inconcebíveis até agora, como os efeitos de difusão do colapso de Wall Street em setembro de 2008 deixam claro"; historicamente, "o grau de intercomunicação e consulta dentro da Concertação das Potências de hoje" é inigualável, "criando as incessantes ondas de encontros internacionais que vemos hoje"; aliás, é espantosa "a velocidade e a uniformidade das respostas políticas à crise financeira atual da Pentarquia moderna", capaz de antecipar concretamente "movimentos para um sistema internacional ainda mais integrado de consultas mútuas e ação concertada"; o fim do bloco soviético teria permitido o desenvolvimento desta Pentarquia, que por enquanto exclui relativamente certas potências periféricas emergentes (Brasil, Índia); embora a crise atual do capitalismo global exprima um longo declínio das economias centrais (desde o início dos anos 1970), os EUA permanecem sempre hegemônicos, porque preservam sua supremacia nos domínios militar, econômico e ideológico: "nenhuma outra potência está disposta a colocar-se em contraposição em relação a qualquer tópico sobre os quais insistem"; os EUA continuam "hegemônicos" porque as outras potências, "em termos estruturais, são aliadas na ordem mundial, e não inimigas. Mas trata-se de uma hegemonia mais frouxa, mais flexível do que no passado, e a hierarquia que assume está sujeita à erosão" (Idem). Finalmente,

> "A estabilidade da Concertação das Potências não é, claro, apenas uma questão de sua composição atual como se o conjunto de regimes determinasse a direção do sistema político internacional. Sua estabilidade também é função da capacidade de forças antagônicas a esse sistema de desafiá-lo. Aí, a questão da hegemonia se coloca em um nível diferente. Classicamente, hegemonia tem sido entendida como nacional ou internacional — exercida entre classes dentro de um Estado ou entre Estados. Mas também opera num terceiro plano, propriamente transnacional, cortando entre as fronteiras dos Estados para englobar toda a sociedade nacional" (Ibidem).

Os neogramscianos Leo Panitch e Sam Gindin examinaram em detalhes, desde 1945, as relações entre "as finanças e o império estadunidense", para concluir que sua preeminência chegou a tal nível no pós-guerra que as outras potências capitalistas do imperialismo coletivo ideal foram praticamente reduzidas à condição de vassalos de um novo império — "o único império informal que tomou forma foi caracterizado, sobretudo, pela penetração econômica, e os vínculos institucionais estreitos, do Estado dos EUA nos demais Estados de capitalismo avançado" (in Panitch; Leys,

2006, p. 67). Os EUA são um país gestionário quase absoluto dos interesses comuns ao novo Estado imperial, de modo que já não há mais lugar para rivalidades geopolíticas entre as diferentes potências capitalistas (Panitch, 2000). Segundo Panitch e Gindin (2004, p. 5), para apreender a configuração atual de Império informal é preciso absolutamente abandonar as teorias clássicas do imperialismo do começo do século XX, inicialmente, por causa de seu erro comum de sublinhar as duas formas de concorrência, seja econômica entre os capitais (que leva à crise), seja geopolítica entre os Estados (que leva ao militarismo e à guerra); em seguida, essas teorias são completamente incompatíveis com o quadro da globalização capitalista instaurada pelos EUA (desde 1945). O seu Estado, segundo Panitch e Gindin (in Panitch; Leys, 2006, p. 71),

> "não apenas ditou aos Estados europeus como estruturar suas opções no período pós-guerra, como também a reprodução do capitalismo europeu dependeu de sua integração internacional. Portanto, ele 'internacionalizou' tais Estados com relação a seus objetivos e responsabilidades consequentes".

Existe uma fusão categorial do estatal com o imperial, sob a configuração ultrapolitizada de um Estado imperial informal, cuja natureza subjetiva é determinada por uma fração de classe — ligada às finanças da era neoliberal, beneficiárias do *Shock Volcker* — sem ter nenhum eixo objetivo estabelecido concretamente no nível da divisão internacional do trabalho na escala mundial. Hoje, a configuração estatal imperial não funciona dialeticamente nem como condição prévia nem como mediação das contradições do capital em geral e dos capitais numerosos; graças ao poder das finanças, se tornou um *Deus ex machina*. Para Panitch e Gindin (in Panitch; Leys, 2006, p. 95), "o Estado dos EUA possui uma posição privilegiada na 'criação' do capitalismo de hoje, apesar de não ser onipotente na medida em que seu domínio deve ser operado por meio de outros estados". O Estado dos EUA tem assumido um papel central na gestão global da crise. A crise financeira global ratificou o perene intervencionismo dos Estados que

> "permaneceram no centro das finanças globais e massivamente injetaram moeda nos bancos. Nos países em desenvolvimento, utilizaram as crises para impor a disciplina financeira do mercado sobre suas populações. O Estado americano, em particular, assumiu um papel preponderante enquanto afiançador imperial, coordenador e bombeiro chefe do capitalismo global" (Panitch; Gindin; Albo, 2010, p. 1),

Para eles (idem), é a estrutura atual do capitalismo global que determina aos Estados a tarefa de eternizar a acumulação do capital sobre seu território, o que supõe um consenso planetário, no qual se realizam as articulações reservadas e pessoais no seio da

> "elite administrativa, especialmente no seio dos bancos centrais e dos ministérios das finanças e, sobretudo, o interesse essencial que possuem todos os Estados na existência de uma estrutura gerindo e coordenando o capitalismo global, e o papel estruturante do Estado dos EUA no seio desse sistema".

Trata-se de uma visão econômico-determinista das funções estatais dos EUA como *império informal*, numa fusão abstrata entre o imperial sem forma e a forma-Estado; para

Panitch e Gindin (in Panitch; Leys, 2006, p. 74), os *Estados vassalos* tornam-se cativos da irracionalidade da mundialização financeira por intermédio dos EUA, pois

> "a classe capitalista de cada país manteve suas características distintivas, mas tanto o capital nacional enraizado historicamente e o capital estrangeiro que se estabeleceu no interior de cada país dependem agora de cada um dos países, e especialmente do estado norte-americano, para se expandir e administrar a ordem capitalista."

Panitch, Gindin e Albo (2010, p. 1) propõem uma estratégia política nacionalista para os movimentos sociais na sua resposta à situação de crise global, pois, efetivamente,

> "as alternativas pretendendo que os movimentos sociais devem acrescer suas capacidades para poder se opor às forças capitalistas globais na sua escala perdem talvez o problema que reside em construir, primeiramente, uma base sólida a domicílio. Na ausência de tal base e da capacidade de transformar os Estados, os sentimentos internacionalistas não podem se traduzir num internacionalismo real."

Além disso, para eles, o reformismo regulacionista global não passa de uma ilusão, na medida em que a estratégia política para superar o império informal deve considerar como definitiva a integração da classe aos mercados financeiros, por intermédio dos diversos artifícios do capitalismo patrimonial — infelizmente, essa "dependência ao sistema financeiro foi revelada claramente pela crise atual: apesar da raiva popular, todos se juntaram à ideia de salvar um sistema do qual cada um depende agora" (Idem). Porém a resistência dos proletários europeus aos planos da troika (FMI, UE e seu Banco Central) e as dificuldades vivenciadas por vários governos nacionais colaboradores infirmam tal consenso patrimonialista.

2.3.3 O imperialismo planetário

A concepção de um novo imperialismo planetário enquanto intersecção entre as concorrências econômica e geopolítica foi esboçada por Callinicos (2003, p. 104-106), na ocasião do exame da nova trajetória da grande estratégia estadunidense depois dos ataques terroristas de setembro de 2001, em particular sobre as causas e consequências da guerra de agressão contra o Iraque.

A intensa atividade acadêmica e militante desse autor lhe permitiu tanto combater sobre a fronte da história a colocação em obra da política estrangeira do consenso dos falcões americanos quanto apreender a reconfiguração das relações entre a hiperpotência, as superpotências atuais e as potências emergentes, o que exige logo uma periodização do imperialismo (Callinicos, 2009, p. 169-178), a saber, de 1880 a 1945, durante a Guerra Fria e depois da Guerra Fria. Então, tomou uma posição crítica radical diante do advento do novo imperialismo na escala planetária, a partir de três pontos de vista, quais sejam: desde o fim dos anos 1960, o capitalismo experimenta permanentemente uma crise estrutural de rentabilidade; a potência econômica e geopolítica na escala planetária permanece polarizada no seio da Tríade; apesar da superioridade relativa estadunidense, as grandes oposições entre as potências, sejam atuais, sejam emergentes, ainda estão postas.

Reconhece, ao lado de outros marxistas — como Bensaïd (2008a) e Vincent (2004) —, o fato de que a economia política da globalização é deficitária de uma análise do capitalismo mundial que considere seriamente a problemática das formas estatais capitalistas nas escalas nacional, regional e planetária. Portanto, nesse início de século, elaborou uma abordagem cada vez mais profunda e global, considerando a herança da teoria marxista do imperialismo do começo do século XX, mas opondo a formulação de Luxemburg (subconsumo, centro/periferia) à "síntese" entre Lenin (1975) e Boukharine (1969), que convém atualizar *cun grano salis* trotskista, no quadro situado para além do fordismo e na era da globalização, quando ocorre a totalização concreta de duas formas de concorrência que servem de vetores para o imperialismo, a saber, a econômica, no nível dos capitais numerosos, e a geopolítica, no nível da pluralidade estatal, ambas submetidas à lei do "desenvolvimento desigual e combinado" (Trotsky, 1967, 1976) na escala planetária.

Para Callinicos (2005, p.2), "uma economia mundial cada vez mais integrada torna-se uma arena apropriada para a concorrência entre capitais, que agora tende a assumir a forma de conflitos geopolíticos entre os Estados". Em suma, na atualização feita por Callinicos, o imperialismo é definido como um estádio de desenvolvimento do capitalismo no qual, em primeiro lugar, a concentração e a centralização do capital provocam a tendência à integração do capital monopolista privado com o Estado; em segundo lugar, a internacionalização das forças produtivas assume uma tendência a forçar os capitais a entrar em concorrência entre eles mesmos por mercados, investimentos e matérias-primas na escala mundial. As principais consequências dessas duas tendências são que, imediatamente, a concorrência entre os capitais assume a forma de rivalidades militares entre os Estados-nações; em seguida, as relações entre os Estados-nações são desiguais: o desenvolvimento desigual e combinado do capitalismo permite a poucos Estados capitalistas de países avançados (imperialistas), por causa de seus recursos produtivos e sua força militar, dominar o resto do mundo; enfim, o desenvolvimento desigual e combinado do imperialismo intensifica cada vez mais a concorrência militar e provoca as guerras, aí incluídas tanto as possíveis guerras entre as próprias potências imperialistas quanto aquelas que surgem das nações oprimidas em luta contra a dominação imperialista. Callinicos (2009, p. 79) formulou, como premissa de sua definição de imperialismo, a ideia de que a categoria marxiana de capitais numerosos é o fundamento da concepção da pluralidade dos Estados. Ocorre uma totalização concreta, complexa e contraditória entre duas formas de concorrência, com as suas próprias dinâmicas e seus objetivos (Idem, p. 83). Os capitalistas e os burocratas estatais que personificam essas categorias são atores sociais cujos objetivos respectivos — de aumentar o seu capital e de preservar o poder estatal diante dos cidadãos que representam e de seus Estados — estão vinculados estruturalmente, mas bem distintos e autônomos relativamente (p. 84-85). Infelizmente, sua dependência estrutural foi explicitada a partir de uma análise excessivamente simplificada das funcionalidades respectivas entre o Estado e o capital, o que fragiliza a percepção do autor de diversos comprometimentos entre os que personificam essas categorias, por exemplo, no seio do complexo militar-industrial.

Além disso, no sentido que é dado aqui à dialética entre determinações econômicas e estatais, o fato de que Luxemburg tenha mal compreendido e utilizado o conceito de capital social total não implica a necessidade de rejeitar da análise o silogismo e o movimento do capital, assim como seus vínculos com o silogismo e o movimento do estatal. Em compensação, é preciso se colocar na escala global atual para ver que a categoria do modo de produção e, portanto, as categorias do capital em geral e dos capitais numerosos devem servir de base para a noção de modo estatal capitalista global e, portanto, para as categorias das formas estatais capitalistas nacionais, regionais e planetária.[1] Apreender o modo de existência estatal que contém essas escalas é apenas um primeiro passo para apreender o modo imperialista global, que totaliza determinações econômicas e geopolíticas.

2.3.4 O imperialismo hegemônico global

Para Mészáros (2007, p. 58), "o sistema do capital" é uma formação fatalmente "centrífuga", cujas "partes conflitantes e internamente antagônicas se dirigem para direções muito diversas", segundo sua "tríplice fratura interna", a saber: "1º a produção e seu controle; 2º a produção e o consumo; 3º a produção e a circulação — tanto interna como internacional — dos produtos". A totalização concreta dessas partes contraditórias só encontrou uma problemática dimensão "coesiva e corretiva" através da articulação histori-

---

1. "Em face de Estados potentes, que dispõem de estratégias econômicas e militares mundiais, essa dimensão da estratégia global é mais importante ainda do que era na primeira metade do século XX. A emergência de novos espaços estratégicos continentais ou mundiais o demonstra. A dialética da revolução permanente (contra a teoria do socialismo num só país), isto é, a imbricação das escalas nacional, continental, mundial, é mais estreita do que nunca." Bensaïd, 2008b, p. 1.

camente determinada dos Estados nacionais, sem nenhuma obediência ao imperativo de "paz perpétua" kantiana (Idem, p. 60). Como as mediações estatais nacionais decorrem do próprio sistema do capital, é natural "que o fim da ascendência histórica do capital no século XX tenha carregado consigo também uma profunda crise de todas as suas formações estatais conhecidas" (p. 61).

A mundialização capitalista, na sua fase atual, longe de ser o advento de uma nova era universal e benéfica para todos, traz a marca de um mercado mundial cuja expansão é desenfreada e destrutiva, tanto ecologicamente quanto socialmente, o que exige que a dominação imperialista se estabeleça sob a forma de relações de poder cada vez mais injustas e repressivas (p. 52). Sua exposição é centrada, em geral, sobre a evidenciação da tese de "que a lógica do capital é absolutamente inseparável do imperativo da dominação do mais forte sobre o mais fraco" (p. 136). Em particular, após a segunda Guerra Mundial, ocorreu a *pax americana*, mas seu processo de superação implica grandes perigos para a sobrevivência da humanidade, considerando que

> "em nosso tempo essa superpotência tenha tido que reverter à forma mais desperdiçadora e brutal de intervenções e ocupações militares em uma tentativa vã de resolver a crise estrutural do capital, impondo-se sobre o resto do mundo como o senhor do imperialismo hegemônico global" (p. 266).

A resolução das contradições do capital globalizante permanece balizada no movimento mediador das numerosas formas estatais capitalistas nacionais divididas, diante do fracasso do capital na genealogia de uma única forma estatal capitalista global, capaz de trazer eventualmente no seu bojo alguns elementos de regulação da anarquia inerente ao sistema do capital. Durante a Guerra Fria, no mundo livre da produção pela produção, sob o controle dos EUA, emergiu "a realidade repulsiva do *complexo industrial--militar* e seu lucrativo envolvimento, "que realiza capital" nas práticas diretamente *anti-humanas* das guerras genocidas" (p. 241). No seio da tendência à plena integração capitalista global, a incapacidade de mediação interestatal reguladora e pacífica, submetida à primazia dos mercados liberalizados e eternizados, aguça as desigualdades, acentua a natureza destrutiva e incontrolável do sistema, cuja crise estrutural resta instaurada desde os anos 1970:

> "o imperialismo hegemônico global dominado pelos EUA é uma tentativa — em última instância fútil — de delinear uma solução a essa crise por meio do domínio mais brutal e violento sobre o resto do mundo, reforçando com ou sem a ajuda dos escravizados 'aliados voluntários', agora por uma sucessão de guerras genocidas." (p. 250).

A hiperpotência hegemônica dos EUA nutre um *endividamento catastrófico* e colossal, pois a dívida pública alcançará 17 trilhões de dólares em 2013. Portanto, o país necessita

> "arrebatar para si, por qualquer meio que se encontrar à sua disposição, inclusive a agressão militar mais violenta, sempre que exigida para esse propósito, tudo o que puderem, pela transferência dos frutos do crescimento capitalista de todas as partes do mundo — graças à dominação socioeconômica e político-militar global dos EUA como única potência hegemônica que prevalece com êxito hoje" (Idem).

Começa desse modo uma "fase potencialmente fatal do capitalismo", sob a forma histórica do "imperialismo hegemônico global", marcado pela potência exorbitante dos

EUA relativamente ao resto do mundo, inclusive às outras potências imperialistas (p. 135). Porém

> "o desígnio de um Estado nacional que subjuga e controla todos os outros, seguindo os imperativos que emanam da lógica do capital, só pode conduzir a humanidade ao suicídio. Ao mesmo tempo, deve-se reconhecer também que uma contradição aparentemente insolúvel entre aspirações nacionais — que explodem de tempos em tempos em antagonismos devastadores — e o internacionalismo pode apenas resolver-se se regulada numa base amplamente equitativa, o que é totalmente inconcebível na ordem do capital estruturada de forma hierárquica" (p. 138).

Em última instância, o "imperialismo hegemônico global dominado pelos EUA" está destinado ao fracasso, porque não passa de "uma tentativa condenada de sobrepor-se aos outros Estados nacionais, cedo ou tarde recalcitrantes, como o Estado 'internacional' (global) do próprio sistema do capital" (p. 137). Existe "uma contradição insolúvel no interior da estrutura reprodutiva do sistema do capital" que se manifesta "pela contínua e implacável concentração e centralização do capital numa escala global", de um lado; e, do outro, "pela incapacidade estruturalmente imposta do sistema do capital de produzir a estabilização política exigida em uma escala global correspondente" (p. 275).

No caso da emergência eventual de uma nova hiperpotência resultante do declínio do poder dos EUA, isso poderia não tocar nas verdadeiras causas da crise sistêmica. Porque, como suas raízes são amplas e profundas, "não podem ser combatidas sem que se introduzam mudanças fundamentais nas determinações sistêmicas recônditas do capital como modo de controle sociometabólico", isto é, de "reprodução geral", o qual "abarca não somente os domínios econômicos" e militares, mas também toda a superestrutura cultural, política e ideológica (p. 137). Recusa, porém, o fatalismo da falta de alternativa, quando se deve

> "impugnar a necessidade sistêmica do capital de subjugar globalmente o trabalho por meio de qualquer agente social particular que possa assumir o papel designado a ele de acordo com as circunstâncias. Naturalmente, isso é possível somente por meio de uma alternativa radicalmente diferente à tendência do capital à globalização monopolista/imperialista, no espírito do projeto socialista, incorporada em um movimento de massa em progressivo desenvolvimento" (p. 139).

Eis sua resposta ao desafio histórico, humanista e ecológico de apreender e superar a fase atual do imperialismo hegemônico global. Entretanto, resta o problema da "necessidade de uma integração verdadeiramente global dos intercâmbios reprodutivos da humanidade", cuja única solução é o socialismo, senão "o antagonismo mortal e a confrontação hegemônica necessariamente crescentes das principais potências concorrentes pelos escoamentos exigidos só podem resultar em uma ameaça à sobrevivência da humanidade" (p. 61). Para viabilizar a sua proposta, recusa a estratégia da construção de outros polos de potência antiamericanos no centro e na periferia do sistema. Afirma que "o desafio e o fardo do tempo histórico" podem ser sintetizados em duas exigências vitais na escala global, a saber:

> "1º A necessidade de adotar a economia responsável em nosso sistema produtivo, que só a alternativa socialista hegemônica ao modo de controle sociometabólico do capital pode

proporcionar. 2º A busca consciente da determinação de superar — de uma forma historicamente sustentável — a *conflitualidade / adversidade antagônica* endêmica ao sistema do capital e que produz destruição em última instância incontrolável em uma escala potencialmente catastrófica" (p. 380).

In fine, "o futuro do socialismo será decidido nos EUA, por mais pessimista que isso possa parecer", em razão da universalidade do projeto socialista — "ou o socialismo se afirma universalmente e de forma a incorporar todas as áreas, inclusive as áreas capitalistas mais desenvolvidas do mundo, ou estará condenado ao fracasso" (p. 86).

Porém, à interpretação do desenvolvimento desigual do capitalismo como fenômeno que lhe é inerente, levando necessariamente ao imperialismo, isto é, à polarização do sistema capitalista mundial, resta um importante princípio marxista, utilizado há mais de um século na resistência revolucionária periférica, inclusive na consignação de Che Guevara (2002, p. 116 e ss.) de "criar dois, três... muitos Vietnãs".

2.3.5 O alterglobalismo multipolar

Para Amin (2002, p. 30-31), "o sistema capitalista mundial realmente existente" tem uma "contradição fundamental" que "opõe o capital ao trabalho, cuja relação define o modo de produção capitalista, que domina o conjunto do sistema". Mas esse antagonismo basilar se manifesta no nível fenomênico por intermédio de suas diversas "contradições principais", dentre as quais "a polarização na escala mundial constitui a manifestação permanente mais violenta da história da expansão do capitalismo" (Idem). Para ele, "resulta disso", à luz da história das revoluções do século XX, "que as tentativas mais radicais de colocação em causa da ordem capitalista só foram iniciadas até agora a partir de movimentos sociais potentes se desdobrando nas periferias do sistema" (Ibidem).

No socialismo como uma democratização, sob o impulso das lutas sociais e políticas, faz-se uma "longa marcha" superando o capitalismo — com a eventual participação europeia, caso se lance "no plano internacional, nas suas relações com o Leste e o Sul, sobre outra via, diversa da que foi traçada pelas exigências exclusivas do imperialismo coletivo" da tríade (EUA, UE e Japão) (Amin, 2003b, p. 109). Para "os povos e os Estados europeus" há um "triplo desafio" que reside "numa crise multidimensional":

> "inicial e simplesmente existe a crise econômica, imanente à opção liberal. Uma crise agravada pelo alinhamento dos países da Europa sobre as exigências econômicas do líder norte-americano, a Europa consentindo até agora em financiar o déficit deste último, em detrimento de seus próprios interesses. Em seguida, existe uma crise social que se acentua pelo aumento das resistências e das lutas das classes populares contra as consequências fatais da opção liberal. Enfim, existe o início de uma crise política — a recusa de se alinhar, sem condições pelo menos, sobre a opção dos EUA: a guerra sem fim contra o Sul" (Idem, p. 112).

Só um logicismo ingênuo apostaria neste silogismo, que não reflete a imposição da troika (FMI, BCE, UE) de planos neoliberais à própria periferia europeia, nem a participação recente, multiforme ou coordenada pela OTAN, dos países membros da UE em guerras imperialistas na periferia. De acordo com a sua "visão histórica geral", que "associa" num mesmo todo concreto "imperialismo e processo de acumulação do capital na escala mundial", do fim da Segunda Guerra Mundial ao fim da URSS, ocorreu uma grande transformação do "capitalismo realmente existente" que provocou a passagem "do conflito permanente dos imperialismos ao imperialismo coletivo" da tríade (Amin, 2003a, p. 70):

> "o novo imperialismo tem muito bem um centro — a tríade — e um centro dos centros aspirando exercer sua hegemonia — os EUA. Exerce sua dominação coletiva sobre o conjunto das periferias do planeta... por meio de instituições implantadas para esse fim e geridas por ele" (Amin, 2003b, p. 28).

Para Amin (2006, p. 11-12), a globalização é um fenômeno historicamente determinado, que deve ser "associado à expansão capitalista" desde 1500 até hoje; encontrando-se na "nova fase", iniciada em 1980, em que ocorre a "construção de um novo sistema mundial", tendo por referência os "novos monopólios", a saber: "o controle das tecnologias, o acesso aos recursos naturais do planeta, aos fluxos financeiros internacionais, às comunicações e à produção de armas de destruição massiva", que confere à tríade "um controle da reprodução do sistema, ao seu proveito". O novo "imperialismo coletivo" da tríade torna-se "gestionário" da globalização capitalista por meio de dois tipos de mecanismos, a saber: na dimensão econômica, manipula os organismos internacionais, que lhes são servis (OMC, FMI, OCDE, Banco Mundial); na dimensão política e militar, utiliza a OTAN para realizar missões "criminosas", contrárias aos direitos dos povos, o que enfraquece cada vez mais o papel da ONU na mediação de conflitos internacionais

(Idem, p. 19). Trata-se de um "Império do caos" no sentido de que acresce "a polarização da riqueza e do poder", impede o "progresso" no nível da socialização e da democratização e almeja "o controle militar do planeta", de acordo com "o projeto unilateral do hegemonismo dos EUA" (p. 9-10). Persiste "o conflito das culturas políticas", próprio a cada um dos polos da tríade; porém, a existência da forma "imperialismo coletivo" deriva do fato de que a totalidade das "partes dominantes do capital partilha interesses comuns na gestão do sistema globalizado" (p. 31). As intervenções estatais nacionais em favor de certas empresas transnacionais em concorrência implicam certamente choques de interesse, "mas esses conflitos, afrontados frequentemente por blocos de interesses transnacionais uns com os outros, definem geometrias variáveis de alianças e de conflitos que não se reduzem a aproximações ou a distanciamentos entre os Estados" (p. 32). A crítica da globalização capitalista feita por Amin (2003b) se articula com a defesa humanista de um "mundo multipolar", sob uma globalização não somente distinta das antigas, mas também curada do "vírus liberal", que provoca "a guerra permanente" e "a americanização do mundo." Hoje,

> "o liberalismo constitui um desafio grave para toda a humanidade, que ele ameaça de autodestruição. Simultaneamente, o liberalismo globalizado forçosamente fortalece o controle do imperialismo americano sobre o conjunto do planeta, subordinando a Europa e submetendo por métodos selvagens sem precedente na história o resto do mundo à pilhagem, sem excluir o genocídio, se necessário" (Idem, p. 106-107).

Além de ter um viés humanista, a concepção do imperialismo coletivo tem um viés historicista, que não consegue distinguir dois momentos necessários da totalização imperial em questão, a saber: os imperialismos tomados no seu conjunto, em geral, formam um imperialismo coletivo apenas idealmente, na medida em que encerram formas distintas, mais ou menos soberanas, tendo interesses específicos; as oposições, os interesses distintos e as disputas individuais persistem, pois são inerentes à forma numerosa dos imperialismos. Além disso, o espaço que contém o imperialismo coletivo foi circunscrito na tríade, quando a categoria que se configura na realidade é o imperialismo coletivo ideal, que está ancorado, isto é, corresponde ao território planetário, mesmo se partes desse sofrem restrições violentas originárias da hegemonia dessa forma geopolítica. Também, a partir do "esqueleto principal" da análise de Amin (2003b, p. 109), chamado de *imperialismo coletivo*, ele chega a uma "importante conclusão política", isto é, que "a Europa não pode fazer escolhas diferentes enquanto as alianças políticas que definem os blocos no poder restarem centradas sobre o capital transnacional dominante". Por enquanto, no seio da tríade, o questionamento europeu de sua "posição subalterna" relativamente aos EUA se apoiaria "não sobre os conflitos de interesses do capital dominante, mas sobre a diferença que separa as culturas políticas da Europa daquela que caracteriza a formação histórica dos EUA", de sorte que reside "nessa nova contradição", situada apenas no nível da superestrutura, "uma das razões principais do fracasso provável" do projeto de dominação estadunidense (Amin, 2003a, p. 90). Esse projeto "desmesurado", "demente" e "criminoso" que visa em suma "estender a doutrina Monroe a todo o planeta" sempre foi nutrido desde 1945 pela "classe dirigente dos EUA" apesar da evidência de que "sua instauração passou por altos e baixos, experimentou algumas vicissitudes e foi aqui ou acolá colocado em xeque" (Idem, p. 72).

Para Amin (2006, p. 148-149), de acordo com sua visão dicotômica altermundialista, diante da permanência do "imperialismo coletivo", resta ainda uma "alternativa democrática", que reside numa "difícil e ampla" articulação para "a construção de uma fronte dos povos do Sul", contrária ao processo de "*compradorização*" das periferias, isto é, em oposição ao "ajustamento unilateral das periferias às exigências da expansão globalizada em favor do capital central". Urge certos "ajustes recíprocos" para integrar "as grandes regiões do mundo, desigualmente desenvolvidas, baseadas em negociações coletivas capazes de modular as interdependências globais e de submetê-las às exigências das estratégias nacionais e regionais, que levem em conta as desigualdades herdadas da polarização" (Idem, p. 148).

Para Amin (2003b, p. 60), porém, sem superação da socialização capitalista, "a democracia só pode ser embrionária nessas condições", quando o processo de democratização "pode e deve se tornar o fundamento de uma socialização bem diversa" e, portanto, "uma socialização capaz de restituir ao ser humano total sua plena responsabilidade na gestão do conjunto dos aspectos de vida social, econômica e política". Se o "conflito de civilização" entre "o capitalismo e o socialismo" atualmente "não existe nos EUA", em contrapartida, ele se faz cada vez mais presente na Europa e no resto do mundo (Amin, 2006, p. 38).

Para Amin (2003b, p. 60-61), "não há socialismo sem democracia; não há progresso democrático fora da perspectiva socialista". Isso poderia se tornar uma realidade na resolução da crise do capitalismo global, a partir de um socialismo impulsionado pelo Ocidente.

Porém, do lado "dos oligopólios e de seus serviçais políticos", busca-se apenas "restaurar o sistema da mundialização liberal financiarizada, considerada como tendo sido globalmente saudável, desde que se adotem medidas corretivas, permitindo evitar no futuro os deslizes" do passado (Amin, 2010, p. 24). Quanto ao trabalho, tentar refazer sua integração numa nova democratização liberal progressista resta "abaixo das exigências de um engajamento da humanidade sobre a longa estrada da transição ao socialismo mundial"; convém, então, passar à ofensiva, pois "o desastre liberal impõe uma renovação da crítica radical do capitalismo"; enfim, "o desafio é aquele ao qual está confrontada a construção/reconstrução permanente do internacionalismo dos trabalhadores e dos povos, em face do cosmopolitismo do capital oligárquico" (Idem, p. 16).

2.3.6 O alterglobalismo regulacionista

Aglietta e Berrebi (2007, p. 401) encarnam um "espírito cosmopolita" muito ambivalente: ingênuo por ignorar a realidade do complexo militar-industrial; malicioso por seu principal interesse teórico-político de apoiar o *status quo ante*, buscando regular a crise do capitalismo global.[2] Dado que a globalização imperialista provoca a desregulamentação, a privatização e a liberalização, a *regulação da mundialização* é um oximoro banal, bem característico dos refor-

---

2. Encontraram no cosmopolitismo social-liberal a ideia de que "a economia globalizada só pode ser colocada nos trilhos da regulação em nível global — e somente aqueles que lutam na escala global para conseguir isso podem esperar sucesso etc." BECK, 2006, p. 147.

mistas na sua aceitação fatalista do capitalismo global, ao mesmo tempo que rejeita a antecipação concreta de um mundo melhor que passe pelo socialismo. Assim, em vez de se tornar uma forma cosmopolita democrática, a mundialização imperialista "se produz em tais condições e a um ritmo tal, assim como por intermédio de tais antagonismos, conflitos e convulsões — não somente econômicas, mas também políticas, nacionais etc. –", que "o capitalismo se demolirá fatalmente" (Lênin, prefácio de 1915, in Bukharin, 1969, p. 15), o que implica otimismo da vontade, de um lado, e, do outro, pessimismo da razão, combinação indispensável para a superação do capitalismo num movimento real de abolição efetiva do estado de coisas presente e, portanto, das condições objetivas que fazem com que a luta de classes continue existindo. Mas, na lógica regulacionista, um retorno pendular das práticas estatais e contratuais normalizadoras, para uma nova experiência histórica de produção virtuosa dos objetos, tornaria possível a unidade sem luta entre os polos envolvidos da nova sociedade salarial do capitalismo patrimonial.

O oximoro da regulação da mundialização é uma reificação criada para sustentar ideologicamente a pertinência dessa razão tecnicista, diante do fracasso amplo e categórico do capitalismo liberal, inclusive de sua economia política da globalização, situada temporal e espacialmente para além do fordismo, numa aguda contradição entre a forma relativa de suas relações de produção e o desenvolvimento absoluto das forças produtivas correspondentes. Sob o fetichismo da primazia dessas, só se vê futuro num regime que não almeje "refazer a história pela base, mas somente mudá-la", trata-se então do "regime que deveria ser buscado, no lugar de entrar uma vez mais no ciclo da revolução" (Merleau-Ponty,

2006, p. 273, epílogo). Assim, com a crise global, veio o questionamento do "privilégio específico do capitalismo liberal" que consiste em "se exonerar de seus mais espetaculares fracassos e de se restabelecer sem cessar na posição do modelo insuperável" (Lordon, 2008a, p. 119-120).

A partir de sua barricada de ideias para mutações, o regulacionismo sugere uma reforma nessa configuração da sociedade burguesa, com um retorno cosmopolita do intervencionismo, para vencer a batalha da nova "grande crise" que, supostamente, não leva necessariamente à superação do capitalismo, mas "designa analiticamente a chegada aos limites de um regime de acumulação e a abertura de uma fase indecisa que verá a recomposição de uma nova *coerência* capitalista" (Lordon, 2008b, p. 203). Urge superar esse fatalismo implícito "porque, se fixamos nossa atenção sobre o que é permanente, não podemos explicar o que evidentemente foi transformado, a menos que se creia que não pode haver mudança histórica, mas somente combinações e variações" (Hobsbawm, 2008, p. 93).

Neste caso, para uma nova sociedade salarial, uma reforma para democratizar a governança é tida por crucial (Aglietta, 2008, p. 115), inclusive até o ponto de concretizar o idealismo cosmopolita de um Estado global (Aglietta; Berrebi, 2007, p. 400). Diante do estorvo da mundialização neoliberal, sem teoria reformista, não há prática reformista. Para tanto, emergiu uma "abordagem transversal" (p. 7), contribuindo para uma nova impulsão keynesiana a ideologia do "capitalismo patrimonial",[3] por meio da teleologia de uma regulação do capitalismo mundial, implicando a

---

3. Isto é, um mundo melhor, com nova regulação da sociedade salarial (Aglietta, 2008, p. 108). Os regulacionistas mais críticos preferem a designação

democratização da governança. Porém, na atual conjuntura, a intensificação das relações orgânicas entre Estado e capital implica uma configuração socioeconômica autoritária (Farias, 2003, p. 161). Essa tendência só é apreendida "quando se considera essas relações entre categorias sob uma *visão transversal* do processo de conjunto, e não como sucessão e resultantes no seu desenrolar". (Lukács, 2009, p. 354). Ao contrário da linearidade da *abordagem transversal* regulacionista, na totalidade concreta formada por Estado e capital, "na sua ação comum, observa-se a mesma estrutura dinâmica, a mesma compenetração na dialética de sua autonomia de princípio e de suas múltiplas interdependências" (Idem).

Com a grande crise global, naturalmente, o estatismo regressou à tona, com a retomada da regulação, que pressupõe a volta providencial das intervenções estatais, pois "o Estado, na crise, tornou-se novamente o pivô da atividade econômica e financeira" (Aglietta, 2008, 123). No regime de acumulação fordista, a coesão sem luta favorecera os progressos nacionais (materiais, técnicos e sociais), enquanto no regime de acumulação patrimonial a luta sem coesão se transforma em "desordens no capitalismo mundial" (Aglietta; Berrebi, 2007). Portanto, trata-se de reformar o capitalismo mundial para fazê-lo funcionar cada vez melhor, no interesse de toda a humanidade. Diante das desigualdades de repartição da riqueza, do desastre ambiental, das desordens financeiras e da ineficácia das políticas econômicas nacionais, alimentadas pelo fracasso das instituições internacionais, que não conseguiram viabilizar o seu projeto de nova

---

"regime de acumulação financiarizado", ou "regime de acumulação sob a dominância financeira". Lordon, 2008a,b.

arquitetura após a crise asiática, o "desafio" atual reside precisamente no processo que o idealismo hegeliano designava "negação da negação": o Estado keynesiano foi negado pela globalização financeira. Mas a supressão da preponderância do político sobre as finanças conduz às desordens do capitalismo mundial. Para eles (Idem, p. 400), negar a inversão da hierarquia dos valores entre o mercado e o político operado pelo neoliberalismo é afirmar a concepção cosmopolita do Estado na mundialização, mais uma vez, no sentido de Beck. No ideal regulacionista, o capitalismo mundial significa progresso desigual e combinado dos diversos tipos de capitalismo, cuja subsistência e perpetuação requerem ordem. Como um *Deus ex machina*, as finanças globais impõem exigências funcionais que levam ao advento necessário do Estado cosmopolita, cujas relações causais foram expressas num quadrante com tipos de Estados e estruturas das finanças (p. 398). Nessa taxonomia, as formas polares foram sincronizadas, identificadas, distinguidas e caracterizadas apenas a partir de critérios, sejam financeiros relativos ao controle ou à liberalização dos capitais, sejam políticos atinentes às cooperações entre estados nacionais. Nessa visão diacrônica, o Estado keynesiano foi destruído pela globalização financeira do neoliberalismo, cuja crise estrutural leva ao Estado cosmopolita.

2.3.7 O alterglobalismo neomarxista

A constatação empírica estruturalista-regulacionista de uma economia-mundo, na longa duração, torna-se uma necessidade natural e positiva do advento de seu Estado correspondente, sempre em gestação. Em última instância, o globalismo regulacionista parece se apoiar nas muletas do cosmopolitismo democrático para servir de antecâmara economicista ao pós-marxismo ocidental. Esse, por sua vez, para chegar com um passo atrás e dois adiante à sua visão imperial, cosmopolita ou transnacional, apoia-se no alterglobalismo neomarxista, com seu *Estado-mundo*, resultante do *mundo hoje visto na sua tendência histórica* (Bidet, in Attac, 2010, p. 31). O neomarxista afirma que "a emergência de um Estado-mundo" estaria ainda na fase genética, como uma tendência à "dominação capitalista universal", ao lado das "rivalidades entre as classes dominantes dos grandes países capitalistas", que "restam muito fortes" e, até mesmo, "exacerbadas pela crise econômica" atual, manifestas especialmente "pelo desenvolvimento do protecionismo", como também "pela busca de ganhos econômicos graças à potência militar" (Idem, p. 31-32). Trata-se, porém, de um "novo espaço" de resistência "para os combates da emancipação humana, que não se dão na cúpula, mas primordialmente no cotidiano e no local, nos movimentos na base e nas arenas políticas nacionais", servindo de ponto de partida para a gênese progressiva de "uma cidadania mundial", como "uma tarefa essencial para um altermundialista" (p. 33). Enfim, "a figura do Estado-nação reemerge atualmente no horizonte sob a forma última de um Estado-mundo em gestação — seguramente, numa imbricação recíproca e profunda nas hierarquias do imperialismo neoliberal" (Bidet; Duménil, 2007, p. 16). Recusam o "pós-marxismo" (Idem, p. 15), especialmente pela referência ao desenvolvimento desigual, às novas classes e alianças de classes na dinâmica da modernidade do imperialismo neoliberal. Porém a mescla *Estado-mundo* é próxima das totalizações do Império, do cosmopolitismo e do transnacionalismo europeus. Atrás do historicismo, do cosmopolitismo, do economicismo e da *realpolitik* se esconde o idealismo — "uma violência intelectual exercida sobre o ser para torná-lo uniforme, estático" (Lukács, 2009, p. 158).

2.4 O pós-marxismo ocidental

Os pós-marxistas ocidentais abordaram as formas estatais capitalistas globais no sentido de que a categoria estatal está em vias de ser, ao mesmo tempo, aperfeiçoada, prolongada e ampliada, mas não existe uma prospectiva única, envolvendo fatores quantitativos ou qualitativos, nos diversos autores que fizeram um exame crítico do fenômeno, sublinhado o advento do *Império* e do *Estado europeu federativo ou transnacional* (Farias, 2004b; 2005; 2007). Para analisar essas antecipações positivistas do pós-marxismo ocidental[4] é preciso apreender a categoria em devir do modo estatal global enquanto forma realmente existente nas escalas imperial, federativa e transnacional, em breve, como um silogismo rico em determinações, situado no tempo e no espaço, articulado organicamente com a base econômica do capitalismo global, numa situação concreta, no sentido marxiano das categorias relativas às formações socioeconômicas.

---

4. Para esses, "não é mais possível manter a concepção da subjetividade e das classes elaborada pelo marxismo, nem sua visão do curso histórico do desenvolvimento capitalista, assim como, obviamente, a concepção do comunismo enquanto sociedade transparente da qual os antagonismos desapareceram." Laclau; Mouffe, 2009, p. 41-42.

2.4.1 O alterglobalismo imperial

A partir de uma inspiração eclética, muito marcada pela combinação de temas estruturalistas e marxistas, de elaborações poéticas e prosaicas, de ideologia liberal e comunista, foi concebido um Império sem frases, como totalidade abstrata, metafísica e pós-moderna, pelos autores pós-marxistas Hardt e Negri (2000). A sua tese de uma figura imperial não se baseia em qualquer "análise séria do processo de concentração e centralização do capital, de reorganização geopolítica de seus espaços de acumulação, ou das novas estratégias de rearmamento e de intervenção militar" (Bensaïd, 2008a, p. 239). Portanto aquela tese tornou-se um grande equívoco, seja diante do desenvolvimento desigual nas combinações geoeconômicas Norte/Sul, seja diante da grande estratégia norte-atlântica posta em prática desde o advento do livro *Império* no mercado global dos *best-sellers*. Com efeito, Hardt e Negri (2000, p. 235), crendo superada a dialética entre o universal e o específico, figuraram um desenvolvimento uniforme para o mundo pós-moderno, em acordo imediato com um método idealista subjetivista e um Leviatã metafísico — um Império de soberania única, pois "na passagem do moderno ao pós-moderno, do imperialismo ao Império, existe cada vez menos distinção entre interior e exterior". Para eles, "as cores nacionais distintas do mapa imperialista do mundo se misturaram no arco-íris mundial do Império"; ao invés do imperialismo, "o Império não estabelece centro territorial do poder e não se apoia sobre fronteiras ou barreiras fixas"; trata-se de "um aparelho descentralizado e desterritorializado de governo, que integra progressivamente o espaço do mundo inteiro no interior das fronteiras abertas e em perpétua expansão"; enfim, "o Império gere identidades híbridas, hierarquias flexíveis e intercâmbios plurais, modulando suas redes de comando" (p. 17). Na era do império, ocorre "a transformação das fronteiras mundiais num espaço aberto da soberania imperial" (p. 230).

Estabelecem, por meio de suposições abstratas, que o "Império" se transforme positivamente na "forma global da soberania contemporânea" (p. 6), ao mesmo tempo que, por hipótese, "o capital e a soberania se confundem totalmente no Império" (p. 380). Contudo, a ideia pós-moderna da era do Império de soberania única não se funda sobre nenhum exame sério do capital em geral e dos capitais numerosos na escala mundial, em particular dos processos de concentração/centralização e da organização espaço-temporal da acumulação do capital, assim como das novas grandes estratégias securitárias e guerreiras.

Na sua filosofia política do *comum*, da *Multidão*, Hardt e Negri (2004) foram obrigados a se distanciar ainda mais do materialismo dialético e histórico e mergulhar no idealismo subjetivista, por meio de um raciocínio antinômico ingênuo, que pode ser representado por certas figuras piramidais, sejam hierárquicas, sejam não hierárquicas. Trata-se de uma soberania planetária com forma piramidal, tendo no topo as autoridades monárquicas (EUA, G7, OTAN, BM, FMI), no centro, a elite aristocrática (firmas multinacionais, Estados-nações), e na base, os organismos democráticos (ONGs, Assembleia Geral da ONU). O *Império* visa subsumir, por meio da globalização e da cidadania republicana, o seu próprio negativo fotográfico ou sua imagem invertida, a *Multidão* de cor cinza, formada por pobres (empregados em trabalhos imateriais, materiais e desempregados). Essa figura, longe de ser passiva, assume as cores (amarela, branca, preta e vermelha) da túnica de José, filho de Jacó, resistindo à subsunção imperial, num movimento altermundialista e de cidadania mundial, para o estabelecimento de uma democracia comunista mundial, com as cores azul, branca e vermelha da divisa liberdade, igualdade e fraternidade.

Com um bombardeio maciço de metáforas, de um lado, Hardt e Negri (2004, p. 26-27) fazem um recito de um "estado de guerra global", no qual "esta guerra é portadora de morte", mas deve também, paradoxalmente, produzir vida, porque "a guerra se tornou um regime de biopoder, isto é, um modo de governo que visa não somente controlar a população, mas também produzir e reproduzir todos os aspectos da vida social". Do outro lado, afirmam uma dupla face da mundialização suposta, a saber: a "diferenciação" colorida da Multidão *versus* a "uniformização" cinza do Império (Idem, p. 7), cujas figuras alternativas são tais como uma pirâmide hierárquica republicana e uma pirâmide não hierárquica comunista, ambas abstratas, ecléticas e pobres em determinações; cuja construção teórica, bastante marcada pelo chamado choque das civilizações, é evidentemente pós-moderna, no sentido estético, ou até mesmo de uma mistura bioquímica da democracia burguesa com o comunismo na escala planetária, sem nenhuma mediação. De início, cabe sublinhar a natureza abstrata e imprecisa da nova elaboração pós-marxista da concepção spinoziana de multidão, assim como sua pobreza quando tenta exprimir a riqueza das determinações das forças produtivas humanas contemporâneas. Em seguida, no quadro da crise do capitalismo global, em vez de se referenciar numa multidão abstrata, seria necessário fazer uma atualização do conceito marxiano de proletariado como genericidade que encerra tanto a população ativa quanto a superpopulação relativa (flutuante, latente e estagnante), nas suas múltiplas formas de existência de natureza étnica, sexual, espacial, etc. Enfim, seria preciso elaborar um novo modelo científico para abordar o conjunto e os subconjuntos da força de trabalho, para superar de maneira crítica e radical a reificação inerente à utilização dos dados estatísticos oficiais sobre o mercado de trabalho na era da opressão intensiva.

Ao cabo da grande transformação antinômica e pós-moderna, que envolve Império *versus* Multidão, a forma Estado-nação não desaparece, mas se reduz cada vez mais a um simples instrumento do capital, o qual constrói desde então os espaços e os povos, ao mesmo tempo que as firmas multinacionais "tendem a fazer dos Estados-nações simples instrumentos para registrar os fluxos de mercadorias, das moedas e das populações, que aquelas fazem movimentar"; também essas empresas "repartem diretamente a força de trabalho sobre os diferentes mercados, atribuem funcionalmente os recursos e organizam hierarquicamente os diversos setores da produção mundial"; para o alterglobalismo imperial, enfim, "o aparelho complexo que seleciona os investimentos e dirige as manobras financeiras e monetárias determina a nova geografia do mercado mundial, isto é, realmente a nova estruturação biopolítica do mundo" (p. 58). Essa lógica funcionalista, que se estabelece entre os polos negativo e positivo de uma totalidade abstrata, decorre naturalmente do método taxinômico e estruturalista aplicado pelos autores na construção antinômica Império *versus* Multidão. Ao contrário, na elaboração da totalidade concreta, constituída no contexto capitalista atual, articulando o modo estatal global e o modo de produção mundial, não há o desaparecimento do silogismo da soberania inerente ao imperialismo, a qual persiste ainda sob os ângulos da homogeneidade, da diferenciação e da hierarquia (Lefebvre, 1980).

Tomando de empréstimo a abordagem metafórica de Hardt e Negri, a palmeira-imperial os impede de ver a floresta nacional, regional e planetária. Sobre o grande silogismo do imperialismo realmente existente na escala planetária, eles fazem abstração dos pequenos silogismos específicos (correspondentes ao nacional e ao regional) e sublinham apenas a sua determinação imperial universal, ao mesmo tempo que, no seio desse pequeno silogismo concernente à própria forma imperial, não exprimem os antagonismos entre as potências envolvidas, que persistem no seio da construção imperialista coletiva ideal. No grande silogismo do império realmente existente, a mediação estatal (nacional e transnacional) não é incompatível com o desenvolvimento desigual do mundo em termos de soberanias. Em compensação, a abordagem estrutural-marxista do Império traz no seu bojo uma adesão implícita à nova regulação da ordem mundial sob uma *pax imperialis* que tornaria compatíveis suas lógicas políticas territoriais e econômicas capitalistas. No seio dessa totalidade contraditória, a mediação assume uma forma que implica simultaneamente a permanência dos imperialismos específicos nacionais e regionais (ainda que reestruturados, e não desmontados à maneira de Sassen) e o devir do imperialismo coletivo ideal planetário, na pós-modernidade. Assim, se produz, obviamente, a reconstrução das formas imperialistas nacionais, cuja eventual perda de potência ocorre apenas em termos relativos, em prol do fortalecimento das formas imperialistas transnacionais, no seio do modo imperialista global. Para o imperialismo hegemônico central norte-americano, em especial, importa tanto dominar e enfraquecer a soberania dos Estados-nações do resto do mundo quanto implementar o imperialismo coletivo ideal, sob a eterna condução, supremacia ou hegemonia estadunidense. Por outro lado, a consciência do antagonismo e a resistência em bloco à opressão intensiva da pós-modernidade não são um dado *a priori*, configurado numa multidão desprovida de suas determinações proletárias de classe — quando as possibilidades atuais de lutas contra a opressão intensiva se tornam cada vez mais amplas e profundas. A especificidade da dialética entre integração e ruptura, em relação às formas capital e Estado no centro e na periferia, não autoriza Hardt e Negri (2000, p. 324) a constatar "a real convergência das lutas através do mundo, nos países dominantes como nos países subordinados". Só chegam a essa convergência abstrata porque eliminam a dialética da categoria spinoziana de multidão e negam o silogismo das formas estatais capitalistas nacionais e transnacionais, assim como abandonam a análise concreta das experiências capitalistas situadas no tempo e no espaço, nos quais se estabelece a dialética real entre o modo estatal e o modo de produção, na escala mundial.

Ao contrário da formulação imperial de Hardt e Negri, existe a permanência dos vínculos entre determinações universais, particulares e singulares, no seio do silogismo das formas estatais capitalistas globais. A colocação em causa abstrata dessa totalização concreta resulta da hipótese fundamental de Hardt e Negri (2000, p. 16) segundo a qual o Império se exprime, essencialmente, por uma "nova forma mundial de soberania" que se manifesta por meio de "uma série de organismos nacionais e supranacionais unidos sob uma lógica única de governo". Isso concerne, implicitamente, à necessidade e ao sucesso do *bem comum* imperial, no sentido conservador cosmopolita do termo. Por meio do oximoro formado pela democracia guerreira da era do Império, Hardt e Negri (2004) tentam exprimir uma conjuntura de crise no seio do pequeno silogismo do imperialismo coletivo ideal planetário. Na realidade, os outros imperialismos totalizados em pequenos silogismos regionais e nacionais se posicionaram de maneira divergente, em decorrência de seus interesses específicos, no seio de um mesmo grande silogismo do modo imperialista global — com seus interesses gerais, particulares e singulares. Portanto, a crise iraquiana ilustra a impossibilidade de uma lógica unitária de governo mundial praticada por um Império sem frases, sem se tornar uma configuração capitalista oriunda dos seus modos estatais e de produção na escala global. O imperialismo coletivo ideal planetário, como determinação universal, não representa a dissolução das hierarquias e diferenciações num Império homogêneo, que resultaria naturalmente da instalação uniforme de uma ordem mercantil desenvolvida na era pós-moderna. Além disso, as determinações espaciais do fenômeno são negligenciadas por Hardt e Negri (2000, p. 406), pois pensam que "a geografia do desenvolvimento desigual e as linhas de divisão e de hierarquia não se encontram mais sobre fronteiras estáveis, nacionais e internacionais, mas sobre limites fluidos infra e supranacionais". Nesse *nomos* planetário liquefeito, em que o centro está em todo lugar e a periferia em lugar nenhum, os pós-modernos marxistas supõem a existência linear de um "quase-Estado mundial do regime disciplinar" de uma "nova sociedade" — capaz de integrar, simultaneamente, "o desenvolvimento do capital e a proletarização da população num processo único, a forma política da autoridade deve ela própria ser modificada e articulada de uma maneira e sobre uma escala adequada ao processo" (Idem, p. 314).

Não é apenas "a empresa capitalista" que teria provocado a terrível "mundialização dos mercados", pois essa resulta de uma conquista operária; "foi realmente o resultado dos desejos e das exigências da mão de obra taylorista, fordista e disciplinada através do mundo" (p. 315). Como resposta aos "movimentos das subjetividades aspirantes", tanto "nos países dominantes como nos países subordinados, foi preciso impor uma nova forma de controle para estabelecer a autoridade sobre o que não era mais controlável em termos disciplinares" (Idem). Tanto na apologia explícita do *Welfare State*, cuja forma de Estado é transformada em paradigma do Estado em geral, quanto na apologia pós-marxista do Estado sem frases, quando essa categoria é transformada em molde abstrato para derramar a substância do "fordismo periférico", Hardt e Negri (2000, p. 300) rompem com a ontologia do ser social e histórico na análise das formas estatais nacionais articuladas organicamente ao desenvolvimento capitalista.

2.4.2 O cosmopolitismo europeu

De inspiração kantiana, o Estado cosmopolita europeu de Habermas (1996, 1987) também é uma totalidade abstrata, metafísica. Sobre a UE, Habermas (2005, p. 144) se identifica com "os defensores de uma posição cosmopolita" que "consideram o Estado federal europeu como sendo um primeiro passo na direção da instauração de uma rede transnacional de regimes capazes, mesmo sem governo mundial, de conduzir certa política interna mundial". Engajado no cosmopolitismo social-democrata, colocou em causa a dialética entre o universal e o específico, posto que, na era atual de transições, a forma de existência singular do Estado-nação ficaria cada vez mais irrisória:

> "Se buscamos uma saída ao dilema entre o inaceitável desmantelamento da democracia fundada sobre o Estado social e a impossível reparação do Estado-nação, não temos outra escolha a não ser se voltar para unidades políticas maiores e para regimes transnacionais susceptíveis de compensar as perdas funcionais sofridas pelo Estado-nação, sem que, no entanto, a cadeia da legitimação democrática seja condenada a se romper." (Idem, p. 140)

Trata-se, então, de consolidar uma forma estatal particular continental, própria à era da globalização, porque esse fenômeno limita ou restringe o raio de ação tanto dos atores do Estado-nação em geral quanto do pelotão de frente dos Estados dos países centrais e, bem mais, dos Estados dos países periféricos, em especial (Habermas, 2000, p. 27 e 31). Deduz-se desse contexto, no que concerne ao Estado-nação, que a liberdade que lhe resta não é suficiente para assegurar a compensação dos efeitos secundários, indesejáveis do ponto de vista social e político, provocados por um mercado tornado transnacional (Idem, p. 31). Busca, pois, fixar os princípios de um intervencionismo cosmopolita cuja ambição seria de impor à sociedade mundial desenfreada no nível econômico um novo controle de ordem política (p. 92). Para ele, a reforma radical em prol de uma política interna na escala mundial não exige um "governo mundial" (p. 112), mas a restrição da soberania nacional no seio das formas estatais capitalistas regionais. Habermas (2005, p. 162-163) acha que a construção pelos europeus de uma forma estatal regional bem-sucedida os acomodou "na convicção de que não havia *domesticação possível do recurso à violência estatal*, inclusive no nível mundial, a não ser pela restrição *mútua* de margens de manobra deixadas à soberania".

Habermas (2000, p. 27) tem mantido o seu papel corrente de intérprete positivista do fenômeno da globalização, que é visto acima de tudo sob o prisma da homogeneidade e da progressão definitiva do capitalismo para seu ápice cosmopolita. Na sua interpretação do processo, não existe lugar para as relações contraditórias (de hierarquia e diferenciação) que se exprimem no nível de todos os domínios da organização política, embora sejam tomados por fluidos e dinâmicos. O que persiste como principal ausente de sua teoria crítica é a ideia de desenvolvimento desigual do capitalismo, na concepção das formas estatais nacionais e transnacionais, particularmente na experiência europeia. Em geral, a metodologia habermasiana privilegia a elaboração antinômica da globalização (Farias, 2001), em detrimento da fundamentação dialética que se exprime centrada sobre uma totalização concreta, e, nesta experiência, sob a forma de um grande silogismo tanto do capital como do Estado na escala mundial.

A retomada habermasiana recente da relação entre base e superestrutura sob o prisma da velha antinomia funcionalista entre as condições de acumulação e as condições de legitimação, agora estendidas para a escala europeia, mostrou-se bem menos talentosa e criativa do que as elaborações antinômicas atinentes à disjunção entre o mundo vital e os sistemas administrativo e econômico (Habermas, 1987) — embora excluíssem aprioristicamente tanto a luta de classe como a dialética do seio das formações socioeconômicas ocidentais, pois a base e a superestrutura estariam compatibilizadas. Em ambas as formulações, o sociólogo alemão se dispõe a se tornar o mestre pensador da modernidade, na qual se encontram os que querem pôr em prática a radicalização social-democrata da Europa, protegendo-a das catástrofes semelhantes às que se produziram ao longo do século XX, afinal de contas tão curto, mas repleto de guerras e revoluções. A nova radicalização tem a originalidade de exigir o fim do Estado-nação na Europa e a criação, que lhe é naturalmente decorrente, da forma de Estado federativo europeu. Para ele, é preciso ir para além do Estado nacional na experiência europeia para superar certos problemas atuais, a saber: a fragmentação política, os riscos ecológicos, a exclusão social crescente e a impotência da regulação nacional diante dos capitais numerosos globalizados. Trata-se de uma solução política específica, porque a institucionalização de procedimentos que permita conciliar e generalizar os interesses na escala mundial, assim como construir comunidades de interesses, sob uma imaginação autenticada, não poderá se operar sob a forma de um Estado mundial; aliás, essa prospectiva não é desejável; ao contrário, é preciso levar em conta a independência, a obstinação e o caráter particular dos Estados há tão pouco tempo soberanos (Habermas, 2000, p. 38). Embora considere que o futuro da UE não possa mais continuar sob o risco e a violência próprios à ausência de universalização da democracia social, política e cultural, visualiza (Idem, p. 10), somente em termos normativos, uma "única solução satisfatória", isto é, a que consiste na evolução da UE para o federalismo, o único capaz de instaurar uma política socioeconômica, assim como agir para a instituição de uma ordem cosmopolita sensível às diferenças e que busque corrigir as desigualdades sociais. Portanto, os cidadãos europeus "devem construir uma democracia na dimensão da Europa" se pretendem "desarmar as bombas sociais da moeda única e do mercado comum, por mais altamente produtivo que ele o seja, em razão das políticas comuns" (Habermas, 2005, p. 293).

Enfim, somente sob a forma específica do Estado federativo europeu haveria um engajamento na redução da violência, em especial, no que concerne às suas formas sociais e culturais, escapando do risco de uma recaída pós-colonial no eurocentrismo (Habermas, 2000, p. 10). Para Habermas (2006, p. 7), seria preciso reafirmar a UE por causa da "divisão do Ocidente provocada pelo governo Bush", de sorte que "o processo de unificação europeu" se tornou uma urgência, "inclusive caso se observe, no pano de fundo, a maneira como se terminou o confronto das culturas... no solo americano". Por outro lado, por receio de "retiro nacional", ele avalia que, "depois do fracasso deprimente dos referendos francês e holandês, o destino da Constituição europeia é, no melhor dos casos, incerto" (Idem, p. 5). Lamentou a não adoção dessa constituição neoliberal, embora tenha reconhecido que "a França é o único país onde ocorreu uma discussão tão informada e apaixonada sobre as questões europeias atingindo uma tão ampla parte da população", de um lado; e, do outro, o referendo "mobilizou os cidadãos de maneira democrática" (p. 10). Com a chegada ao poder dos partidos mais conservadores, lamentavelmente "a Europa deixou de ser um tema importante, em prol de ocupações preferenciais relativas à ordem do dia nacional — ou de fazer um pouco de barulho em torno de seu arsenal para mostrar que se dispõe ainda de um poder militar" (p. 6). Diante da frustração política, o *consenso* de Habermas (p. 7) fica entre cientistas:

"as ciências políticas e sociais analisaram sem rodeios nem apriorismos o fenômeno; sua constatação é clara: as capacidades defensivas do Estado-nação tomado isoladamente não bastam para manter o *status quo* no interior de suas fronteiras... nem para garantir a segurança de sua própria população relativamente ao exterior."

Porém tal consenso persistirá só até quando suas opiniões teóricas mudarem sobre a intromissão estatal nacional, sobretudo com o advento da crise do capitalismo global e da generosidade dos Estados-nações em favor do salvamento dos capitais especulativos em dificuldade. Sem esquecer os eventuais dissensos gerados por guerras *justas e humanitárias*, que atendem aos interesses imperialistas, sejam nacionais, sejam transnacionais, do Afeganistão à Líbia, passando pelo Iraque e pela Iugoslávia.

2.4.3 O transnacionalismo europeu

A partir da dialética do universal e do específico, Balibar (2001, p. 23) pensa que a forma da soberania nacional *absoluta* não é universalizável, e também, num certo sentido, o *mundo das nações*, assim como a categoria *nações unidas* não passa de uma contradição nos termos. Além disso, observando a experiência europeia, considera que o vínculo entre a construção das nações europeias e a história mundial do imperialismo desembocou não somente na perpetuação dos conflitos de fronteiras, mas também na estrutura demográfica e cultural típica dos povos europeus de hoje, que são, todos, projeções da diversidade mundial no quadro do espaço europeu (Idem). Balibar (p. 169 e ss) mostrou que os discursos correntes da mundialização só se dão conta dos efeitos da homogeneização sobre a política, sob o prisma unilateral do advento de uma era, seja pós--nacional ou cosmopolita, seja do fim da política. Para ele, ao inverso, a mundialização como desenvolvimento desigual poderá eventualmente produzir, por ela própria, as condições da entrada numa nova época da política (p. 176). A partir de um método pós-estrutural-marxista, Balibar consegue até mesmo antecipar o esboço da forma do Estado europeu capaz de existir inteiramente e de ter efeitos sobre a mundialização e não simplesmente sofrer as consequências dessa; para ele, no quadro da construção europeia, "as estruturas supranacionais" não são enquanto tais "impensáveis ou indesejáveis" (p. 10). Entretanto, antecipa que a forma do Estado europeu do futuro não é nacional; mas, ao inverso, é uma categoria nova, que não será nem federal, no sentido de Habermas (2000), nem imperial, no sentido de Hardt e Negri (2000); trata-se de uma forma de existência estatal específica, mas que se situa para além do Estado--nação, no que concerne à democracia e às próprias fronteiras europeias; trata-se, enfim, de um "problema sem solução preestabelecida" que, sobretudo, não é eurocentrista, mas que toma a direção de uma "universalidade real", na perspectiva do "mundo inteiro", para realizar a utopia concreta de um "impossível necessário" (Balibar, 2001, p. 9). Isso não tem forma plenamente acabada, mas encontra obstáculos transponíveis em termos políticos e históricos, numa visão de compreensão "através dos canteiros de inciativas transnacionais" (idem, p. 296), enquanto condição prévia à transformação. Em geral, a metodologia de Balibar (2003, p. 13) tem o mérito de privilegiar a dialética, que se exprime centrada numa totalização sob a forma de um silogismo, em oposição à ideologia da globalização antinômica, que é própria ao cosmopolitismo da era pós-moderna. Para Balibar (1997), a mundialização do mundo como processo de totalização se exprime por um silogismo. No quadro atual de transnacionalização, o todo formado pela política torna-se também um silogismo superpotente, em que a UE se localiza como sistema de superpotência regional particular capaz de ser um "mediador evanescente" (Balibar, 2003, p. 58) para a resolução positiva das contradições entre os sistemas singulares das potências nacionais e o sistema universal da hiperpotência americana. Isso coloca a UE na direção inversa ao desenvolvimento do imperialismo global, pois a construção europeia não teria futuro como superpotência, mas seguiria a via da antecipação abstrata seguinte (Idem, p. 58-9):

> "por constituição e por falha de constituição, é decepcionante que a Europa se furte forçosamente à sua missão, incumbida por ela própria ou outros, de um lado; e, do outro, a Europa poderia contribuir de maneira decisiva, senão a 'transformar o mundo', ou mesmo para freá-lo na beira da catástrofe, pelo menos para fazer uma inflexão nas evoluções anunciadas, mas na condição de 'se evanescer', na medida em que sua intervenção, ou sua mediação, se fizesse mais determinante... Na condição de se engajar cada vez mais ativamente na busca de sua solução 'multilateral', a começar por sua vizinhança imediata."

Esse multilateralismo ideal não é o mesmo multilateralismo real praticado do outro lado do Mediterrâneo, com as bombas da OTAN, ontem no Kosovo e hoje na Líbia, e no resto do mundo. Deixando esse tipo de evento no lado no qual se acumulam as decepções, Balibar se ocupou apenas do lado racional e positivo. Tanto de sua reversão do "enunciado de Marx — já se "transformou" bastante o mundo, é tempo de "interpretá-lo" (p. 59) quanto de seu multilateralismo humanista e utópico, antecipa para a UE

> "segurança coletiva numa 'ordem pública internacional' que não seja somente definida juridicamente, mas precisada em suas condições políticas; relançamento da ideia de desarmamento progressivo e controlado, que afundou com o fim da confrontação dos 'blocos'; primazia das negociações e das mediações locais sobre a 'projeção' estratégica e sobre a exploração global dos novos conflitos, de maneira a responsabilizar nisso todos os atores; enfim, construção coletiva do conjunto euro-mediterrâneo como exemplo de redução das 'fraturas' de civilização." (Idem, p. 7)

Desde o começo, fazendo abstração de determinações socioeconômicas e com propostas puramente ideológicas e políticas, Balibar se permitiu fazer elucidações bastante liberais no sentido anglo-saxão do termo junto com "vozes" americanas e europeias (p. 85 e ss), já escutadas acima sobre os temas da guerra e do imperialismo global. Assim, Balibar (2008) tanto critica o conjunto da *Carta da América*, de 14/2/2002, de Fukuyama, Walzer, *et alii*, quanto contesta especialmente as teses da *guerra justa* e do *ataque preventivo* atualizadas por esse último. Mas Balibar não adere ao soberanismo europeu que aposta no declínio do Ocidente por causa do unilateralismo dos EUA. Para ele as relações transatlânticas têm ainda um futuro, e dá relevo ao ensaio de Kagan (2003) sobre a *potência* dos EUA e a *fraqueza* da UE na nova ordem mundial. Porém a fidelidade à dialética posiciona Balibar (2003, p. 103) contra a "doutrina política" do cosmopolitismo liberal, acima de tudo contra a "*metafísica*, cuja desconstrução é hoje essencial para toda tentativa de pensar alternativas":

"seja no seio da potência... seja mais radicalmente entre a potência e aquilo que se chamará aqui não a 'fraqueza' simetricamente... mas, em vez disso, a *im-potência*, isto é, justamente uma potência de desconstrução, ou de deslocamento, da 'potência' existente." (Idem)

Para Balibar, é preciso colocar água no moinho da crítica pós-estruturalista do núcleo "ontológico" da ideia de potência-poder, para ver que essa categoria "é o efeito intrinsecamente frágil de uma relação constitutiva a suas resistências, até mesmo a virtualidades de resistência, que ela sabe ou não levar em conta" (Idem, p. 104). Por outro lado, não existe um consenso patriótico que sustente para sempre o imperialismo americano nas suas guerras securitárias permanentes e fora dos limites. Entretanto, os esclarecimentos atinentes à *mediação evanescente* negam que ela possa se tornar uma aplicação neoschmittiana da doutrina Monroe ao espaço europeu. Assim, Balibar critica "a utilização que esboçam hoje os teóricos 'soberanistas', que tentam transpor para o nível europeu as capacidades de autonomia diante da hiperpotência americana que encarnariam certas políticas ou ideologias nacionalistas (como o discurso gaullista)" (p. 109). Além disso, a lógica da *mediação evanescente* não é compatível com a ideia habermasiana de uma "política interior mundial" que seria "destinada a relativizar a dimensão estatal da política e a formalizar a importância crescente de uma sociedade mundial" (p. 123); também não cai na "ilusão de um puro e simples 'salto' do nacional no espaço mundial, ou ainda de uma confrontação global, indiferenciada, entre as forças do capitalismo multinacional e as forças antiglobalização" (p. 131). A *mediação evanescente* é da era de *Choque de Civilizações* (Huntington), mas que "confere ao modo de regulação dos antagonismos religiosos uma importância tão grande no funcionamento da democracia conflitiva quanto a de desigualdades econômicas" (p. 132). Assim,

"*hoje, a dimensão histórica característica do conjunto europeu não pode ser nem o confronto entre confissões ou pertencimentos religiosos* múltiplos, nem entre métodos heterogêneos de *controle político e social dessa multiplicidade*, em segundo grau" (p. 133).

Quando Balibar (2010, p. 195) deixa de escutar as "vozes" das sereias ocidentais neoliberais que ocultam os sons das canhoneiras imperialistas (potentes, superpotentes e até mesmo hiperpotentes), passa a levar em conta as determinações socioeconômicas, porém considera que "mesmo se a constituição do Estado nacional social não passou de um fato limitado no espaço e no tempo (mas inscrita no 'centro' do sistema capitalista), constitui um fato histórico irreversível". Diante da impossibilidade de aprofundar e ampliar essa experiência histórica para o mundo inteiro, a saída do impasse — formado por cosmopolitismo pós-nacionalista *versus* estatismo nacionalista na socialdemocracia — seria combinar "a defesa da cidadania social com a invenção de novas formas de cidadania e, portanto, a construção progressiva de uma alternativa ao Estado nacional social" (Idem, p. 196). Como partidário do "movimento secular de *invenção da democracia*", propõe uma alternativa social-democrata radical, conforme o *consenso* de Balibar, com os aspectos básicos seguintes: 1º "uma redução drástica dos *desnivelamentos do bem-estar* em todos os níveis do espaço"; 2º uma "cidadania transnacional" construída "por baixo" em vez de "pelo alto"; 3º "um movimento de superação das formas e dos limites nos quais o Estado nacional social institui a proteção dos indivíduos, ou a satisfação de sua demanda de emancipação" (p. 197).

Na ideia da *mediação evanescente*, não se trata apenas de "criação ou de consolidação de Estados, mas de resistência à extrema violência", também de busca "de redução das 'fraturas' de civilização ou de desenvolvimento econômico, cuja superposição mortífera faz da mundialização uma bomba-relógio" (p. 185). Por seu momento histórico e por sua situação geográfica, a *mediação evanescente* europeia "pode assumir um papel ativo na reversão de tendência, trocando para isso uma identidade imaginária por uma capacidade de ação real com seus 'outros' mais próximos"; enfim, isso teria a primazia sobre a reforma necessária das instituições internacionais (Idem).

Conclusão

Para apreender o *grande debate* sobre a categoria do novo Leviatã (cosmopolita ou liberal), ou melhor, do novo imperialismo ou Império (pós-moderno ou liberal), inserido numa grande transformação social e histórica, fez-se logo uma distinção tanto entre teorias conservadoras e críticas quanto entre autores que dão relevo e autores que ignoram mais ou menos aquela categoria. Apenas uma forma de existência foi capaz de exprimir o elo comum entre as teorias sobre o imperialismo atual: trata-se daquela que se define através da categoria consenso. Não no sentido de um pensamento único sobre a matéria, mas no sentido de que a totalização elaborada pela maioria dos pensadores corresponde amiúde a um consenso, formado autoritariamente, em prol da integração e contra a ruptura proletária. Junto com o imperialismo global vieram suas teorias e seus consensos, que implicam frequentemente, sejam guerras ditas justas e humanitárias, sejam planos socioeconômicos de salvação provisória, que atacam os direitos e a subsistência imediata dos proletários. Além disso, como não se trata apenas de compreender, mas também de transformar, foi preciso separar as propostas reformistas das radicais, isto é, críticas e revolucionárias à luz da metodologia marxiana. Há uma vasta produção de livros e artigos sobre o imperialismo global. Mas as suas denominações são tão diversas e difusas que se tem a impressão de não estar se tratando do mesmo assunto, de um lado; e, do outro, as suas polêmicas são tão apaixonadas que se orientam tanto para a segmentação entre os aspectos temporais e espaciais, quanto para um afunilamento empobrecedor das múltiplas determinações do fenômeno. Trata-se de uma totalidade que envolve a base e a superestrutura (Marx, 1976, 1977). Por um lado, há o contexto espaço-temporal do modo de produção capitalista global, isto é, da totalidade econômica formada tanto pelo capital em geral quanto pelos capitais numerosos na escala mundial. Por outro lado, há o contexto espaço-temporal do modo estatal capitalista global, isto é, da totalidade política formada pelo grande silogismo das formas estatais nacionais, regionais e coletiva ideal planetária. No seio da categoria imperialismo, o econômico e o estatal são dois contextos que se correspondem e se colocam no mesmo diapasão, cujas articulações atravessam as conjunturas históricas tanto político-militar das grandes estratégias geopolíticas quanto político-social das integrações e socializações dominantes vigentes. Neste sentido, convém atualizar a teoria do imperialismo elaborada pelo marxismo do século XX, mas não revisá-la, como no *ultraimperialismo*, no *Império* sem frases etc. Frente ao grande debate sobre o modo imperialista global, como potências nacionais, superpotências regionais e hiperpotência planetária, a posição aqui tomada consolidou-se tanto contra as desarticulações e as incompatibilidades entre as determinações elementares, temporais e espaciais, dessa totalidade concreta, quanto contra as separações arbitrárias e especulativas das formas da superestrutura em relação à sua base. Em princípio, as análises do modo estatal global só foram apreciadas na medida em que contribuíram para precisar a natureza e o papel daquela categoria no contexto do novo imperialismo, em cuja configuração concreta existe uma dialética entre potências e capitais na escala mundial. A dinâmica da acumulação, da reprodução e da crise do capital se encontra sempre na base da constituição das novas formas políticas, ideológicas e culturais imperialistas, como o marxismo crítico e revolucionário havia constatado há um século.

Bibliografia

AGLIETTA, Michel. *La crise*. Paris: Michalon, 2008.

_____; BERREBI, Laurent. *Désordres dans le capitalisme mondial*. Paris: Odile Jacob, 2007.

AMIN, Samir. *Por un mundo multipolar*. Madrid: El Viejo Topo, 2006.

_____. Géopolitique de l'impérialisme contemporain. In: GUTHIER, Élisabeth; COULON, Patrick (Dir.). *Quelle Europe pour quel monde?* Paris: Syllepse, 2003a.

_____. *Le virus libéral*. Paris: Le Temps des Cerises, 2003b.

_____. *Au-delà du capitalisme sénile*. Paris: PUF, 2002.

_____. Les champs de bataille choisis par l'impérialisme contemporain. Paris: *Alnef*, 2010. Disponível em: < http://www.alnef.org.za/conf/2010/bataille_choisis.pdf >. Acesso em: 31 out. 2010.

ANDERSON, Perry. Algumas notas históricas sobre hegemonia. Revista *Margem Esquerda*, São Paulo, n. 14, 5/2010. Disponível em: < http://adrianonascimento.webnode.com.br/news/perry-anderson-algumas-notas-historicas-sobre-hegemonia/ >. Acesso em: 26 jan. 2011.

ARCHIBUGI, Daniele. *La démocratie cosmopolitique*. Paris: Cerf, 2009.

ARCHIBUGI, Daniele. Edited by. *Debating Cosmopolitics*. London/New York: Verso, 2003.

ARRIGHI, Giovanni. *Adam Smith em Pequim*. São Paulo: Boitempo, 2008.

ATTAC. *L'Empire de la guerre permanente*. Paris: Mille et une nuits/Fayard, 2004.

BADIOU, Alain. *La relation énigmatique entre philosophie et politique*. Paris: Germina, 2011.

BALIBAR, Étienne. *La proposition de l'égaliberté*. Paris: PUF, 2010.

_____. Walzer, Schmitt et la question de la «guerre juste». *Centre International d'Étude de la Philosophie Française Contemporaine*. Paris, 2008. Disponível em: < http://www.ciepfc.fr/spip.php?article36 >. Acesso em: 28 fev. 2011.

_____. *La crainte des masses*. Paris: Galilée, 1997.

_____. *Nous, citoyens d'Europe? Les frontières, l'État, le peuple*. Paris: La Découverte, 2001.

_____. *L' Europe, l' Amérique, la Guerre*. Paris: La Découverte, 2003.

BECK, Ulrich. *Qu'est-ce que le cosmopolitisme?* Paris: Flammarion/Aubier, 2006.

_____. *Pouvoir et contre-pouvoir à l'ère de la mondialisation*. Paris: Flammarion/Aubier.

BENSAÏD, Daniel. *Éloge de la politique profane*. Paris: Albin Michel, 2008a.

_____. Sur le retour de la question politico-stratégique. *Marx au XXIe siècle*, Paris, 2008b. Disponível em: < http://www.marxau21.fr/index.php?option = com_content&view = article&id = 42:sur-le--retour-de-la-question-politico-strategique&catid = 72:bensaid--daniel&Itemid = 28 >. Acesso em: 22 nov. 2010.

BLOCH, Ernst. *Experimentum Mundi*. Paris: Payot, 1981.

BRZEZINSKI, Zbigniew. *Le grand échiquier*. Paris: Hachette, 2002.

_____. *Le vrai choix*. Paris: Odile Jacob, 2004.

BUKHARIN, Nicolas. *O imperialismo e a economia mundial*. Rio de Janeiro: Laemmert, 1969.

CALLINICOS, Alex. *The New Mandarins of American Power*. Cambridge: Polity Press, 2003.

_____. El imperialismo y la economía política de la globalización. Jinju, Coreia do Sul: Seminário "Korean Economy", *Institute for Social Sciences*, Gyeongsang National University, 2005. Disponível em: < http://www.scribd.com/doc/16190152/Callinicos-A-El-imperialismo-y-la-economia-politica-de-la-globalizacion >. Acesso em: 20 maio 2011.

_____. *Imperialism and Global Political Economy*. Cambridge: Polity Press, 2009.

CHE GUEVARA, Ernesto. *La revolución*. Buenos Aires: Suma de Letras, 2002.

FARIAS, Flávio Bezerra de. *O Estado capitalista contemporâneo*. São Paulo: Cortez, 2000.

_____. *A globalização e o Estado cosmopolita*. São Paulo: Cortez, 2001.

_____. *Filosofia política da América*. São Paulo: Cortez, 2004a.

_____ Utopias pós-marxistas ocidentais sobre o Estado globalizado. São Paulo, *Outubro*, n. 11, p. 93-109, 2004b.

_____. A economia política do financeiro. *Revista de Políticas Públicas*. São Luís, Edufma, v. 7, n. 2, jul./dez. 2003.

_____. Do capital ao Império. *Revista de Políticas Públicas*, v. 9, n. 1, p. 31-76, jan./jun. 2005.

_____. Crítica da filosofia política da Europa. *Revista de Políticas Públicas*, v. 11, n. 2, jul./dez. 2007.

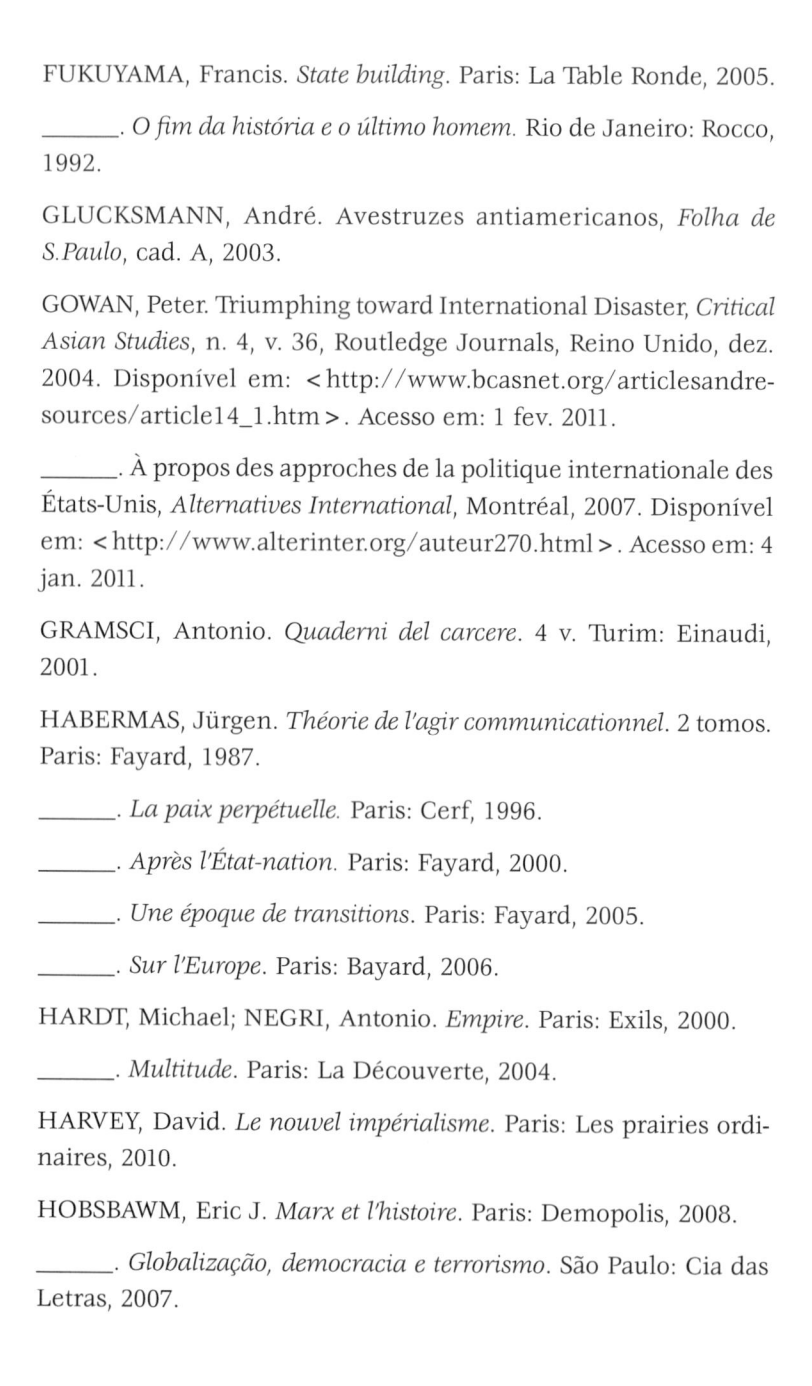

FUKUYAMA, Francis. *State building*. Paris: La Table Ronde, 2005.

_____. *O fim da história e o último homem*. Rio de Janeiro: Rocco, 1992.

GLUCKSMANN, André. Avestruzes antiamericanos, *Folha de S.Paulo*, cad. A, 2003.

GOWAN, Peter. Triumphing toward International Disaster, *Critical Asian Studies*, n. 4, v. 36, Routledge Journals, Reino Unido, dez. 2004. Disponível em: < http://www.bcasnet.org/articlesandresources/article14_1.htm >. Acesso em: 1 fev. 2011.

_____. À propos des approches de la politique internationale des États-Unis, *Alternatives International*, Montréal, 2007. Disponível em: < http://www.alterinter.org/auteur270.html >. Acesso em: 4 jan. 2011.

GRAMSCI, Antonio. *Quaderni del carcere*. 4 v. Turim: Einaudi, 2001.

HABERMAS, Jürgen. *Théorie de l'agir communicationnel*. 2 tomos. Paris: Fayard, 1987.

_____. *La paix perpétuelle*. Paris: Cerf, 1996.

_____. *Après l'État-nation*. Paris: Fayard, 2000.

_____. *Une époque de transitions*. Paris: Fayard, 2005.

_____. *Sur l'Europe*. Paris: Bayard, 2006.

HARDT, Michael; NEGRI, Antonio. *Empire*. Paris: Exils, 2000.

_____. *Multitude*. Paris: La Découverte, 2004.

HARVEY, David. *Le nouvel impérialisme*. Paris: Les prairies ordinaires, 2010.

HOBSBAWM, Eric J. *Marx et l'histoire*. Paris: Demopolis, 2008.

_____. *Globalização, democracia e terrorismo*. São Paulo: Cia das Letras, 2007.

HUNTINGTON, Samuel. *Le choc des civilisations*. Paris: Odile Jacob, 1998.

IGNATIEFF, Michael. The American Empire: The Burden. *The New York Times*, 2003a.

_____. Nation-Building Lite. *The New York Times,* 2002.

_____. *Una ragionevole apologia dei diritti umani*. Milan: Feltrinelli, 2003b.

_____. Why Are We In Iraq (And Liberia? And Afghanistan?). *The New York Times,* 2003c.

_____. Getting Iraq Wrong. *The New York Times*, 2007.

KAGAN, Robert. *Le retour de l'histoire et la fin des rêves*. Paris: Plon, 2008.

_____. *La puissance et la faiblesse*. Paris: Plon, 2003.

KOLKO, Gabriel. La destruction programmée de la politique étrangère. *Alternatives International*, Montréal, 2007. Disponível em: <http://www.alterinter.org/auteur667.html>. Acesso em: 5 jan. 2011.

KUPCHAN, Charles A. *The end of the American era*. New York: Knopf, 2002.

LACLAU, Ernesto; MOUFFE, Chantal. *Hégémonie et stratégie socialiste*. Besançon: Les Solitaires Intempestifs, 2009.

LAYNE, Christopher. Graceful Decline, *The American Conservative*, Arlington, /2010. Disponível em: <http://www.amconmag.com/issue/2010/may/01/ >. Acesso em: 4 jan. 2011.

_____. The Unipolar Illusion Revisited, Harvard College & MIT, *International Security,* v. 31, n. 2, Fall 2006a, p. 7-41. Disponível em: <http://www.mitpressjournals.org/doi/pdf/10.1162/isec.2006.31.2.7>. Acesso em: 4 jan. 2011.

LAYNE, Christopher. Impotent power? New York: *CBS MoneyWatch.com*, 2006b. Disponível em: < http://findarticles.com/p/articles/mi_m2751/is_85/ai_n16832448/?tag=content;col1 >. Acesso em: 4 jan. 2011.

_____; SCHWARZ, Benjamin. Twilight of Pax Americana. *Los Angeles Times*, Los Angeles, 2009. Disponível em: http://articles.latimes.com/2009/sep/29/opinion/oe-schwarz29. Acesso em >: 4 jan. 2011.

LEFEBVRE, Henri. *Une pensée devenue monde... Faut-il abandonner Marx?* Paris: Fayard, 1980.

LÊNIN, V. I. *Œuvres choisies.* 3 Tomos. Paris/Moscou: Sociales/Progrès, 1975.

LENS, Sidney. *The Military-Industrial Complex*. London: Kahn & Averill, 1971.

LORDON, Frédéric. *Et la vertu sauvera le monde... Après la débâcle financière, le salut par l'éthique*. Paris: Raisons d'Agir, 2008a.

_____. *Jusqu'à quand? Pour en finir avec les crises financières*. Paris: Raisons d'Agir, 2008b.

LOSURDO, Domenico. *A linguagem do império*. São Paulo: Boitempo, 2010.

LUKÁCS, Georges. *Prolégomènes à l'ontologie de l'être social*. Paris: Delga, 2009.

_____. *Socialisme et démocratisation*. Paris: Messidor/Sociales, 1989.

_____. *Histoire et conscience de classe*. Paris: Minuit, 1976.

LUXEMBURG, Rosa. *La crise de la social-démocratie*. Paris: L' Altiplano, 2009.

MARX, Karl. *Le Capital*. Paris: Sociales, 1976.

_____. *Contribution à la critique de l'économie politique*. Paris: Sociales, 1977.

MERLEAU-PONTY, Maurice. *As aventuras da dialética*. São Paulo: Martins Fontes, 2006.

MÉSZÁROS, István. *O desafio e o fardo do tempo histórico*. São Paulo: Boitempo, 2007.

PANITCH, Leo. The New Imperial State. Londres: *New Left Review*, n. 2, 2000.

_____; GINDIN. Global Capitalism and American Empire. Santiago: *Cuba Siglo XXI*, Socialist Register, 2004. Disponível em: <http://www.nodo50.org/cubasigloXXI/congreso04/panitch_060404.pdf>. Acesso em: 23 jan. 2011.

_____; LEYS, Colin (Dir.). *O império reloaded*. Buenos Aires: CLACSO, 2006.

_____ GINDIN, Sam; ALBO, Greg. Dix thèses sur la crise. Montréal: *La Gauche*, 2010. Disponível em: <http://www.lagauche.com/lagauche/spip.php?article3085>. Acesso em: 22 jan. 2011.

PETRAS, James. L'extermination nucléaire rendue respectable par le New York Times. Espanha: *Tlaxcala*, 2008. Disponível em: <http://www.tlaxcala.es/pp.asp?lg=fr&reference=5671>. Acesso em: 4 fev. 2011.

POLANYI, Karl. *A grande transformação*. Rio de Janeiro: Campus, 1980.

SASSEN, Saskia. *Critique de l'État*. Paris: Demopolis/Le Monde Diplomatique, 2009.

SCHMITT, Carl. *Le nomos de la Terre*. Paris: PUF, 2008.

_____. *La notion de politique/Théorie du partisan*. Paris: Flammarion, 2009.

TROTSKY, Léon. *De la révolution*, Minuit, Paris, 1976.

_____. *Histoire de la révolution russe*. 2 v. Paris: Seuil, 1967.

VILBOUX, Nicole. *Prévention ou préemption?* Paris: Economica, 2007.

VINCENT, Jean-Marie. Le trotskysme dans l'histoire. *Critique Communiste*. Montreuil-sous-Bois, France: *Revue de la LCR*, n. 172, p. 48-64, primavera de 2004.

WALZER, Michael. Au-delà de l'intervention humanitaire. Paris: *Revue Esprit*, n. 307, 2004.

ZOLO, Danilo. *La justicia de los vencedores*. Buenos Aires: Edhasa, 2007.

_____. *Terrorismo humanitario*. Barcelona: Bellaterra, 2011a.

_____. En la raíz del choque. Site *Rebelión*, 2010. Disponível em: < http://www.ilmanifesto.it/il-manifesto/in-edicola/numero/20101006/pagina/09/pezzo/288415/ >. Acesso em: 28 fev. 2011.

_____. Uma impostura criminosa, *Il Manifesto*, 2011b. Disponível em: < http://resistir.info/libia/impostura_criminosa.html >. Acesso em: 6 abr. 2011.